Best tips ever!

LOCAL
KIM LANSINK

STADT
FLORENZ

BERUF & HOBBYS
BEMALT KINDERKLEIDUNG

Kim schlendert leidenschaftlich gern über die Märkte. Sie hat dort auch regelmäßig selbst einen Stand, an dem sie die Sachen verkauft, die sie für Mixingmania entwirft. Außerdem liebt sie gutes Essen, wühlt durch die Kleider auf dem Mercato di Sant'Ambrogio oder gönnt sich einen Cappuccino im La Ménagère oder ein Glas Wein bei Il Santino. *Che bella vita!*

PRAKTISCHE INFOS

Mit den vier Routen aus diesem Guide kannst du die schönsten Viertel der Stadt zu Fuß in deinem eigenen Tempo entdecken. Sie führen entlang von Museen und Sehenswürdigkeiten und zeigen dir dabei vor allem, wo du gut essen und trinken, shoppen, das Leben genießen und schöne Dinge erleben kannst Die Übersichtskarte vorne im Buch gibt dir an, durch welche Stadtteile die Routen verlaufen.

Jede Route ist klar und verständlich auf einem detaillierten Stadtplan am Beginn des Kapitels eingezeichnet. Die Adressen sind ebenfalls darauf markiert. An der Farbe der Punkte erkennst du, um was für eine Adresse es sich handelt (sieh dir dazu die Legende unten auf dieser Seite an). Zudem werden sämtliche Adressen in den Kapiteln ausführlich beschrieben. Ohne einen längeren Aufenthalt an den genannten Adressen dauert eine Route maximal drei Stunden. Die Länge ist jeweils über der betreffenden Routenbeschreibung in Kilometern angegeben.

PREISE

Um dir eine Vorstellung von den Preisen in den Restaurants zu vermitteln, gibt es zu jeder Adresse einen Preishinweis. Wenn nicht anders angegeben, handelt es sich dabei um den Durchschnittspreis für ein Hauptgericht. Bei den Eintrittspreisen der Sehenswürdigkeiten sind es die Normalpreise, eventuelle Ermäßigungen führen wir nicht auf.

GUT ZU WISSEN

Kommerzielle Betriebe wie Restaurants, Bars und Geschäfte haben in Florenz rote Hausnummern. Diese sind unabhängig von den normalen Hausnummern für Wohnhäuser, man muss also gut aufpassen!

LEGENDE

- >> SEHENSWÜRDIGKEITEN
- >> ESSEN & TRINKEN
- >> SHOPPEN
- >> FREIZEITTIPPS

DAS BESTE VON FLORENZ IN 4 ROUTEN

ROUTE 1 > DUOMO, SAN LORENZO & SAN MARCO S. 18

Auf dem Vorplatz des Duomo ist immer viel los. Spaziere von hier aus ganz einfach zum Mercato Centrale und zur Piazza di San Marco, um den *David* zu bewundern.

ROUTE 2 > SANT'AMBROGIO, SANTA CROCE, PIAZZA SIGNORIA & VIA TORNABUONI S. 38

In diesem Viertel warten das politische Herz der Stadt – der Palazzo Vecchio – und das berühmte Kunstmuseum Gallerie degli Uffizi. Hier findest du schicke Boutiquen und ruhige Straßen mit regionaltypischen kleinen Geschäften.

ROUTE 3 > SANTO SPIRITO, SAN NICCOLÒ & PIAZZALE MICHELANGELO S. 58

Wenn du über den Ponte Vecchio gehst, kommst du nach Oltrarno, an „die andere Seite des Arno". Das ist der weniger touristische Teil der Stadt mit viel Industrie und guten Restaurants.

ROUTE 4 > SANTA MARIA NOVELLA & SAN FREDIANO S. 78

Hinter dem Bahnhof findest du die älteste Apotheke der Stadt. Auf der anderen Seite des Flusses wimmelt es nur so von Ateliers und Bistros. Hier kannst du das authentische Florenz erleben.

HAPPY TIME GUIDE FLORENZ

Raus aus dem Hotel, und schon geht's los in die schönsten Viertel der Stadt. Ganz nebenbei entdeckst du neue Restaurants, den besten Kaffee und das vor Ort gebraute Bier. Im **happy time guide** geben vor Ort lebende Autoren aus Liebe zu ihrer Stadt nur die echten Highlights weiter. Auf diese Weise ersparst du dir die übervollen Allerwelts-Einkaufsstraßen und spazierst, während du unterwegs noch die eine oder andere Sehenswürdigkeit mitnimmst, zu den nettesten Orten der Stadt, die auch von den Locals besonders gern besucht werden. Genieße jede Sekunde, und mache das Beste aus deinem Städtetrip.

AUF NACH FLORENZ!

Du wirst Florenz erkunden! Die Stadt mit dem Dom, den Uffizien und dem berühmten *David*, mit schicken Einkaufsstraßen, traditionellen *Trattorias* und modernen *Osterias*. Was wir an Florenz so lieben, ist, dass die Stadt so kompakt ist. Dadurch kannst du vormittags die Sehenswürdigkeiten im historischen Stadtzentrum besichtigen und nachmittags in den angesagten Boutiquen des Oltrarno-Viertels shoppen gehen. Zum Entspannen besuchen wir am liebsten einen der schönen Plätze oder den Giardino di Boboli. Und gut essen kann man in Florenz einfach überall. Wir verraten dir, wo genau.

Mit dem **happy time guide** erlebst du wunderbare Spaziergänge und den hiesigen Lifestyle und entdeckst die Stadt im von dir selbst gewählen Tempo – ohne dass du dich großartig dafür vorbereiten musst. Unsere Routen führen dich zu den beliebtesten Restaurants, Cafés, Galerien, Shops und Sehenswürdigkeiten: zu genau den Orten unserer Stadt, wo wir selbst gern hingehen, wo wir uns wohlfühlen und die Zeit genießen. – Vielleicht treffen wir uns ja?

Keine der beschriebenen Adressen hat für die Vermittlung bezahlt, weder für den Text noch für die Fotos. Sämtliche Texte wurden von einer unabhängigen Redaktion verfasst.

Normalerweise machen die Geschäfte in Florenz von 13.00 bis 15.30 Uhr Mittagspause. Die Läden im Stadtzentrum haben meist durchgängig geöffnet, die großen Kaufhäuser auch sonntags.

Die Suche nach einer öffentlichen Toilette kann sich schwierig gestalten. Deswegen solltest du wissen, dass alle Bars und Cafés gesetzlich dazu verpflichtet sind, jeden auf ihre Toiletten zu lassen. Anders ausgedrückt: Du musst in einer Bar oder einem Café nichts konsumieren, um die Toilette benutzen zu dürfen.

Das Rauchen ist an öffentlichen Orten verboten.

Im August kann die Temperatur im Zentrum von Florenz schon mal auf 40 °C steigen. Die Lage der Stadt in einem Tal mit dem Fluss als tiefstem Punkt führt dazu, dass die Hitze sich hier oft staut und es viele Mücken gibt. Mückenschutzmittel sollte in deinem Gepäck daher nicht fehlen. Der August ist auch die absolute Hochzeit der Touristensaison. Wenn du Florenz zu 100 % genießen möchtest, solltest du dich daher für einen Besuch im Frühjahr oder Spätsommer entscheiden.

FLORENTINISCHE ESSGEWOHNHEITEN

Das Frühstück ist ein geselliges, aber hektisches Ritual, das für viele Florentiner draußen in einer Bar stattfindet. *Fretta e furia* (schnell, schnell) werden die Cappuccinos und die Brioches (süße Croissants) morgens verzehrt. Oft muss man zunächst an der Kasse bezahlen. Danach geht man mit dem Kassenzettel an die Theke, um dort im Stehen zu frühstücken. Wenn man sich an einen Tisch setzen möchte, zahlt man oft mehr. In den meisten Bars gibt es daher eine Liste mit zwei Preisen: für den Verzehr im Stehen (*al banco*) und im Sitzen (*al tavolo*).

Zu Mittag essen die Locals zwischen 13.00 und 15.00 Uhr. Sonntags bieten viele Hotels und Cafés auch einen Brunch an. Hier kann man zwischen 12.00 und 15.00 Uhr zum Festpreis so viel essen, wie man möchte. Von Donnerstag bis Samstag sind die meisten Restaurants sehr voll. Wer am Samstagabend ein beliebtes Restaurant besuchen möchte, sollte einen Tisch reservieren. Die meisten Restaurants öffnen um 20.00 Uhr, aber vor 21.00 Uhr wird man kaum Locals treffen. Das Abendessen der Italiener besteht aus einem *Antipasto* (Appetithäppchen), einem *Primo* (Vorspeise) und einem *Secondo* (Hauptgericht). Das Gemüse muss man oft separat bestellen *(Contorno)*. Nach dem Abendessen wird meistens noch ein Digestif getrunken. Das kann ein *Limoncello* (Zitronenlikör) oder ein *Grappa* (Brand aus allem, was nach der Weinherstellung von der Traube übrig bleibt) sein. Vor dem Essen kann man zwischen 19.00 und 20.00 Uhr einen *Aperitivo* trinken. Dann zahlt man etwas mehr für das Getränk, aber dafür sind alle Snacks, die angeboten werden, schon enthalten. Dieses Büfett ist manchmal sehr umfangreich, und die Snacks sind schon eine Mahlzeit für sich (*Apericena*).

Die Florentiner unterscheiden drei Arten von Restaurants. Ein *Ristorante* ist meistens schon ziemlich schick, aber in Verbindung mit dem Wort Pizzeria ist es meist ein Familienrestaurant. Wenn du eine besonders leckere Pizza essen möchtest, solltest du darauf achten, dass sie einen *Forno a legna* haben. Das bedeutet, dass die Pizzen in einem echten Holzofen gebacken werden. In einer toskanischen *Trattoria* oder *Osteria* bekommt man oft nur typisch toskanische Gerichte, wobei in der *Osteria* der Schwerpunkt eher auf der Weinkarte liegt. Bei einer *Enoteca* dreht sich alles um den Wein, aber man kann immer eine Kleinigkeit zu essen dazubekommen. Auf der Speisekarte stehen meist kalte Gerichte und *Crostoni* (eine große Scheibe toskanisches Brot mit warmem oder kaltem Belag).

Das Trinkgeld in einem Restaurant oder einer Bar ist freiwillig. Wenn du mit Küche und Service zufrieden warst, kannst du ein paar Euro für den *Cameriere* (Ober) auf dem Tisch liegen lassen. Der Punkt *Pane e Coperto* (Brot und Gedeck), der fast immer auf der Rechnung steht, ist für das Brot, das auf den Tisch gestellt wird. Und auch wenn es nicht gegessen wird, muss es bezahlt werden.

FIRENZE CARD

Wenn du vorhast, viele Museen und Sehenswürdigkeiten in Florenz zu besuchen, ist die Firenze Card perfekt für dich. Sie ist 72 Stunden lang gültig und ermöglicht den Zugang zu den Gärten der Stadt und einigen Museen. Auch der öffentliche Nahverkehr ist darin enthalten. Die Firenze Card kostet 85 €. Weitere Informationen: *www.firenzecard.it*. Am ersten Sonntag im Monat kann man die staatlichen Museen kostenlos besuchen.

NATIONALE FEIERTAGE

August ist in Italien der Ferienmonat. Kleinere Geschäfte im Stadtzentrum und die Geschäfte außerhalb des Zentrums können dann für einige Wochen *chiuso per ferie* (wegen Urlaub geschlossen) sein. Auch im Januar sind manche Geschäfte für ein paar Wochen geschlossen.

Außer Neujahr, Weihnachten und Ostern gibt es in Italien noch die folgenden offiziellen Feiertage:

6. Januar > Heilige Drei Könige *(Befana)*
25. April > Tag der Befreiung
1. Mai > Tag der Arbeit
2. Juni > Tag der Republik
24. Juni > San Giovanni Battista (Schutzheiliger von Florenz)
15. August > Mariä Himmelfahrt *(Ferragosto)*
1. November > Allerheiligen
8. Dezember > Mariä Empfängnis

HAST DU NOCH TIPPS?

Wir haben diesen Reiseführer so sorgfältig wie möglich zusammengestellt. Allerdings ändert sich das Angebot von Geschäften und Restaurants in Florenz ständig. Wir bemühen uns, die Routen und Adressdaten stets auf dem neues-

ten Stand zu halten. In unseren digitalen Produkten sind Korrekturen immer sofort zu finden. Auch dieser gedruckte Guide wird regelmäßig überarbeitet. Falls du eine Adresse dennoch nicht mehr findest oder andere Anmerkungen und Tipps für diesen Guide hast, dann lass es uns wissen. Schreib uns eine E-Mail an lektorat@verlagshaus.de.

VERKEHR

FLÜGE

Der **Flughafen** von Florenz wird im Volksmund Peretola genannt, sein offizieller Name lautet jedoch Amerigo Vespucci. Er ist nicht sehr groß und liegt im Norden etwas außerhalb der Stadt. Die Lufthansa und Vueling bieten Direktflüge nach Florenz (FLR) ab München, Air Dolomiti ab Frankfurt am Main an. Bei anderen Fluggesellschaften muss man umsteigen, oder man landet auf dem Flughafen von Pisa. Dieser Flughafen heißt Aeroporto Galileo Galilei (PSA) und ist kompakt und übersichtlich. Andere Fluggesellschaften bieten Flüge nach Bologna an, was auch nicht weit von Florenz entfernt ist. Der Flughafen von Bologna heißt Aeroporto G. Marconi (BLQ).

Vom Flughafen Peretola bringt dich die **Straßenbahn** T2 für 1,50 Euro ins Zentrum von Florenz, mit dem **Taxi** kostet es tagsüber 22 Euro (Festpreis). Der **Shuttlebus** *Vola in Bus* fährt halbstündlich (nach 20.00 Uhr stündlich) vom Flughafen zum Hauptbahnhof im Stadtzentrum (Stazione Firenze Santa Maria Novella – SMN). Eine einfache Fahrt kostet 6 Euro. Weitere Informationen findest du unter *www.aeroporto.firenze.it*.

Wenn du in Pisa landest, kannst du mit dem **Pendelbus** von Caronna Tour direkt ins Zentrum von Florenz fahren (*www.caronnatour.com*). Du kannst auch für 5 Euro den **Pisamover** nehmen, der dich vom Flughafen zum Hauptbahnhof von Pisa bringt (Stazione Pisa Centrale). Von hier fahren regelmäßig **Züge** nach Florenz.

Vom Flughafen Bologna aus bringt dich der **Marconi Express** für 9,20 Euro zum Hauptbahnhof von Bologna (Bologna Centrale). Von hier aus fahren (Hochgeschwindigkeits-)Züge zum Hauptbahnhof von Florenz. Oder du fährst mit dem **Shuttlebus** von Apennino (*www.appenninoshuttle.it*) direkt ins Zentrum von Florenz. Das kostet 20 Euro für eine einfache Fahrt, wenn du online buchst.

ÖFFENTLICHER NAHVERKEHR

Du kannst die Stadt problemlos zu Fuß erkunden, ohne öffentliche Verkehrsmittel zu nutzen. Wenn du dich trotzdem durch die Altstadt fahren lassen möchtest, geht das mit den kleinen **Elektrobussen** der Linien C1, C2, C3 und D. Diese Busse fahren an beinahe allen Sehenswürdigkeiten im Zentrum vorbei. Die „großen" Busse fahren kaum durch die Altstadt, sondern halten fast ausnahmslos auf der Piazza di San Marco und am Hauptbahnhof. Die Piazza del Duomo, der zentrale Platz der Stadt, ist dann in zehn Minuten zu Fuß erreichbar. Die Busfahrkarten kosten 1,50 Euro und sind 90 Minuten lang gültig. Du musst sie in den gelben Kästen im Bus abstempeln. In manchen Bussen kannst du auch kontaktlos mit deiner Bankkarte bezahlen. Die Fahrkarten werden häufig kontrolliert, und die Geldstrafen sind hoch. Wenn du regelmäßig den Bus nehmen möchtest, solltest du über die *Carta Agile* nachdenken (14 Euro für zehn Fahrten). Diese Karte ist für eine Person. Busfahrkarten bekommst du in jedem Tabakladen, zu erkennen an den blauen Schildern mit dem Buchstaben T. Hinter dem Bahnhof liegt die Haltestelle der **Straßenbahn** in die Vororte Scandicci und Careggi. Die Busfahrkarte ist auch für die Straßenbahn gültig. Derzeit wird an einem Ausbau der Straßenbahnlinien gearbeitet, daher gibt es viele Straßenbauarbeiten in der Stadt. Momentan sind zwei Straßenbahnlinien in Betrieb: die T1 von Villa Costanza (im Vorort Scandicci) über Stazione Firenze Santa Maria Novella zum Krankenhaus in Careggi und die T2 vom Flughafen Peretola ins Stadtzentrum zur Piazza dell'Unità (neben dem Bahnhof SMN). Weitere Informationen erhältst du unter *www.gestramvia.com.* Die aktuellen Fahrpläne der öffentlichen Verkehrsmittel kannst du am besten auf dem Handy unter *www.ataf.it* abrufen.

TAXI

Taxen dürfen in Florenz nicht einfach an der Straße halten. Wenn du ein Taxi nehmen möchtest, musst du zu einem Taxistand gehen, zum Beispiel auf der Piazza Repubblica oder der Piazza del Duomo. Du kannst dir auch telefonisch unter der Nummer 0554242 ein Taxi bestellen (lassen). Taxi fahren ist relativ teuer, insbesondere abends und an Sonn- und Feiertagen.

AUTO

Autos dürfen ohne Genehmigung nicht ins Zentrum von Florenz fahren. In diese Zone (ZTL) darf man nur an Sonntagen oder mit einem Ausweis reinfahren. Informiere dein Hotel, wenn du mit dem Auto anreist. Es kann dir eine temporäre Genehmigung ausstellen.

RAD FAHREN

Das **Fahrrad** erfreut sich in Florenz wachsender Beliebtheit. Jedes Jahr kommen neue Radwege und mehr Radfahrer hinzu. Du solltest aber sehr aufmerksam fahren. Durch die Altstadt kann man gut das Rad nehmen, auf den zentralen Plätzen ist das Radfahren jedoch verboten. Im Stadtzentrum ist es oft sehr voll, was das Radeln nicht unbedingt einfacher macht. Dennoch ist es eine gute Art, Florenz zu erkunden. Du kannst auch eine geführte Fahrradtour mit deutschsprachigen Guides buchen, beispielsweise bei Baja Bikes (*www.bajabikes.eu*).

Alle Informationen zu den Fahrradwegen in Florenz findest du unter dem Link *www.piste-ciclabili.com*. Es gibt einige Fahrradverleihe im Stadtzentrum oder etwas außerhalb. Beispielsweise Florence by Bike (*www.florencebybike.it*). Seit Kurzem kann man in Florenz **(elektrische) Fahrräder** und **Roller** von Mobike leihen: Du erkennst sie an ihrem grauen Rahmen mit orangefarbenem Logo. Das Ausleihen funktioniert über eine App auf deinem Handy. Du bezahlst nur 30 Cent pro halbe Stunde und kannst dein Fahrrad an jedem Ort in der Stadt abstellen. Die englischsprachige App ist im Appstore oder bei Google Play erhältlich. Es gibt noch mehr Orte, die du wunderbar mit dem Rad erkunden kannst, auch wenn du mal aus der Stadt rausmöchtest. Eine Fahrt am Fluss Arno entlang ist sehr schön. Und für Menschen mit kräftigen Beinen gibt es einen Fahrradweg von der Piazza Ferucci hoch zum Piazzale Michelangelo.

Es gibt keine Helmpflicht, und du kannst fahren, wo du willst – auch gegen Einbahnstraßen! Die Italiener sind es nicht gewohnt, nebeneinander zu fahren. Weil die Radwege meistens auf dem Bürgersteig liegen und du dir den Platz mit den Fußgängern teilen musst, ist Nebeneinanderfahren auch nicht empfehlenswert.

TOP 10 KUNST & KULTUR

1 Besuche das Wahrzeichen **Santa Maria del Fiore** > S. 22

2 Bewundere das **Battistero** mit seinen berühmten Türen > S. 22

3 Besuche das wunderschöne Rathaus **Palazzo Vecchio** > S. 44

4 Genieße den Blick vom **Piazzale Michelangelo** > S. 65

5 Reise durch die Renaissance in den **Gallerie degli Uffizi** > S. 42

6 Die **Basilica di Santa Croce**, eine der schönsten Kirchen > S. 42

7 Bewundere außergewöhnliche Fresken in der **Cappella Brancacci** > S. 85

8 Besuche das alte **Kinderkrankenhaus** auf der Piazza Santissima della Annunziata > S. 25

9 Die **Basilica di Santa Maria Novella** mit ihrem Fresko > S. 82

10 Vergiss, wo du bist, in den **Cappelle Medicee** > S. 22

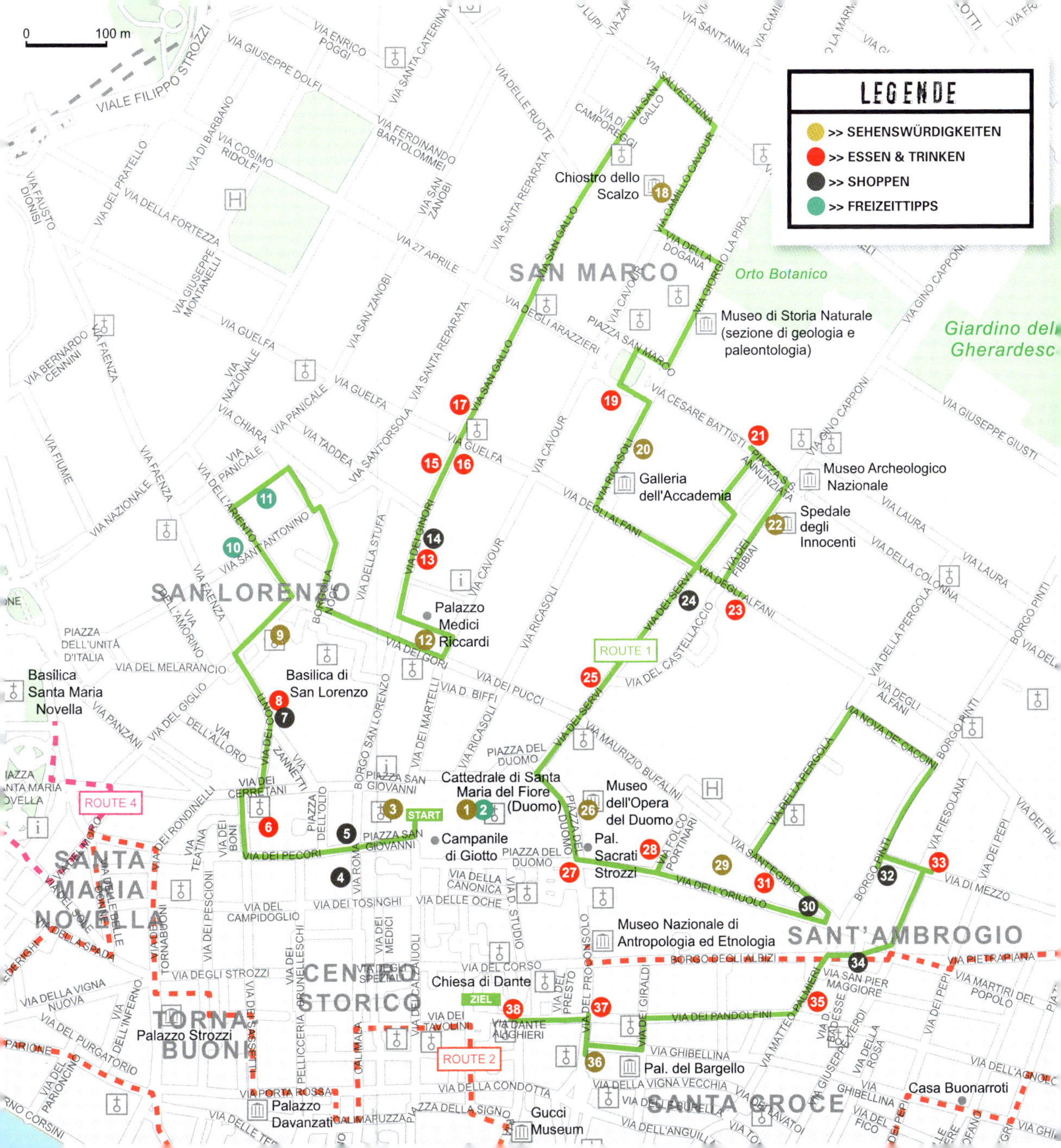

0
100 m
LEGENDE
>> SEHENSWÜRDIGKEITEN
>> ESSEN & TRINKEN
>> SHOPPEN
>> FREIZEITTIPPS
SAN MARCO
SAN LORENZO
SANTA MARIA NOVELLA
CENTRO STORICO
TORNABUONI
SANT'AMBROGIO
SANTA CROCE
Chiostro dello Scalzo
Orto Botanico
Museo di Storia Naturale (sezione di geologia e paleontologia)
Giardino dei Gherardesc
Galleria dell'Accademia
Museo Archeologico Nazionale
Spedale degli Innocenti
Palazzo Medici Riccardi
Basilica Santa Maria Novella
Basilica di San Lorenzo
Cattedrale di Santa Maria del Fiore (Duomo)
Campanile di Giotto
Museo dell'Opera del Duomo
Pal. Sacrati Strozzi
Museo Nazionale di Antropologia ed Etnologia
Chiesa di Dante
Palazzo Strozzi
Pal. del Bargello
Palazzo Davanzati
Gucci Museum
Casa Buonarroti
ROUTE 1
ROUTE 2
ROUTE 4
START
ZIEL

für Architektur der Universität von Florenz. Diese befindet sich in der **Accademia di Belle Arti**, wo auch der *David* von Michelangelo steht. Die ruhige **Piazza Santissima Annunziata** ist der ideale Platz, wenn man sich einen Augenblick entspannen möchte. Ausgehen kannst du auf der **Via de' Ginori** und am Anfang der **Via San Gallo**, den Straßen zwischen dem Mercato Centrale und der Piazza di San Marco.

WENIG ZEIT? DAS SIND DIE HIGHLIGHTS:

SANTA MARIA DEL FIORE/DUOMO + BATTISTERO + GALLERIA DELL'ACCADEMIA + MERCATO CENTRALE + MUSEO DELL'OPERA DEL DUOMO

TIPPS

// Schöne Route für den ersten Besuch in Florenz
// Besonders schön am frühen Vormittag
// Für Radfahrer weniger geeignet

DUOMO, SAN LORENZO & SAN MARCO

1 Santa Maria del Fiore / Duomo
2 Auf den Duomo steigen
3 Battistero
4 Luisaviaroma / Floret
5 Patrizia Pepe
6 Quinoa
7 UB
8 Konnubio
9 Cappelle Medicee
10 Fratelli Zanobini
11 Mercato Centrale / Trattoria da Nerbone
12 Palazzo Medici Riccardi
13 La Ménagère
14 Melrose Vintage
15 My Sugar
16 SimBIOsi
17 Flower Burger
18 Chiostro dello Scalzo
19 Focacceria Pugi
20 Galleria dell'Accademia
21 UnCaffe - Da i' Sardo
22 Museo degli Innocenti
23 Brunellesco
24 Street Doing
25 Rosalia Salad Gourmet
26 Museo dell'Opera del Duomo
27 Edoardo
28 Zio Gigi
29 Biblioteca delle Oblate
30 Tuorlo
31 Rooster Café
32 Mrs Macis
33 Touch Bistrò Toscano
34 Vestri
35 Il Coccolo
36 Museo Nazionale del Bargello
37 Fishing Lab alle Murate
38 Il Vinile

BESCHREIBUNG ROUTE 1 (ca. 6,7 km)

Besichtige Duomo und Taufkapelle oder besteige den Turm (fantastischer Ausblick) 1 2 3. An der Gabelung bei der Via dei Pecori kannst du links und rechts shoppen 4 5. Gehe die Via dei Pecori weiter und dann rechts in die Via de' Vecchietti, um etwas zu essen 6. Dann weiter über die Einkaufsstraße und zur Kapelle der Medici nach links in die Via dei Conti 7 8 9. Nach links in die Via dell'Ariento, über den Ledermarkt und weiter zum Mercato Centrale 10 11. Besuche die ersten beiden Etagen und verlasse das Gebäude an der Rückseite, um über den Borgo la Noce wieder zurück zur Piazza San Lorenzo zu gelangen. Links in die Via de' Ginori und dann die 3. wieder links auf die Via Carvour zum Palazzo 12. Verlasse diesen durch den Garten auf die Via de' Ginori. Gehe nach rechts zu Florenz' Hotspot für Vintage, Eis und biologische Pizzen 13 14 15 16. Weiter geradeaus auf der Via San Gallo gibt es einen vegetarischen Snack 17. Ein Stück weiter rechts in die Via Silvestrina und sofort wieder rechts in die Via Cavour. Schau dir die versteckten Fresken an 18. Gleich darauf links in die Via della Dogana und dann rechts in die Via la Pira bis zur Piazza di San Marco 19. Gehe rechts in die Via Ricasoli, um dir den berühmten *David* anzusehen 20. Jetzt links auf die Via degli Alfani. Die nächste links ist die Via dei Servi, über die du zu einem Platz mit einem Museum kommst 21 22. Nimm die Via dei Fibbiai und wende dich nach links für ein günstiges Mittagessen 23. Gehe die Via degli Alfani wieder ein Stück zurück und biege zum Shoppen und Essen links in die Via dei Servi ein 24 25. Am Duomo wendest du dich nach links, besuchst das Museum und gönnst dir ein Eis 26 27. Weiter geht es links auf der Via dell'Oriuolo. Die linke Seitenstraße Via Folco Portinari bietet Möglichkeiten zum Mittagessen 28. Gehe weiter und besuche die Bücherei 29. Weiter bis zur Kreuzung und dann für eine neue Tasche und leckere Bagel in die Via Sant'Egidio 30 31. Rechts in die Via della Pergola und wieder rechts in die Via Nuova de' Caccini. Dann wieder rechts: bunte Kleidung im Borgo Pinti 32. Links, an der Via di Mezzo, kannst du romantisch zu Abend essen 33. Gehe wieder ein Stück zurück, dann links auf die Via Fiesolana, an deren Ende es leckere Schokolade gibt 34. Rechts auf die Piazza Gaetano Salvemini und dann links auf die Via Matteo Palmieri 35. Die Straße weiter und dann nach rechts auf die Via dei Pandolfini. Kurz vor dem Ende links in die Via Giraldi. An der Via Ghibellina nach rechts zum Museum 36. Noch mal rechts, in der Via del Proconsolo, gibt es guten Fisch. 37 Gleich gegenüber in der Gasse Via Dante Alighieri endet deine Tour mit einem Drink 38.

SEHENSWÜRDIGKEITEN

① Die Kathedrale **Santa Maria del Fiore**, im Volksmund **Duomo** genannt, ist das Wahrzeichen der Stadt. Arnolfo di Cambio begann 1296 mit dem Bau des Doms, der am Ende über 150 Jahre dauern sollte. Sein Blickfang ist die riesige Kuppel mit einem Durchmesser von 45,5 Metern und einer Höhe von 100 Metern, die von Filippo Brunelleschi entworfen wurde. Die Innenseite der Kuppel ziert ein Fresko von Vasari, der hier *Das Jüngste Gericht* malte. Du kannst es dir aus der Nähe ansehen, wenn du die 463 Stufen zum Balkon an der Innenseite des Freskos hinaufsteigst. Den Glockenturm neben dem Dom kann man auch besteigen.

Piazza del Duomo, www.duomo.firenze.it/en/discover/cathedral, Tel. 0552302885, Öffnungszeiten auf der Website (Besuch ohne Reservierung über rechten Eingang), Eintritt frei, Bus C1, C2 Duomo Firenze

③ Direkt gegenüber dem Duomo steht das **Battistero**. Diese Taufkapelle ist vor allem für ihre drei großen Bronzetüren bekannt. Die an der Ostseite des Gebäudes (dem Dom gegenüber) ist die berühmteste. Auf ihr sind Szenen aus dem Alten Testament in Relief dargestellt. Michelangelo nannte diese Tür die *Porta del Paradiso*: die Tür zum Paradies.

Piazza San Giovanni, www.duomo.firenze.it/en/home, Tel. 0552302885, Öffnungszeiten auf der Website (Reservierung notwendig), Eintritt Battistero & Museum 10 €, Bus C1, C2 Duomo Firenze

⑨ Die **Cappelle Medicee** ist das Mausoleum der einflussreichen florentinischen Bankiersfamilie de' Medici und gehört zur Basilica di San Lorenzo, ihrer Hauskirche. Hier kannst du das Grabmal Cappella dei Principi besuchen, das gebaut wurde, um den Ruhm der Familie zu bewahren. In der Sagrestia Nuova kannst du die berühmten allegorischen Figuren *Tag, Nacht, Morgenrot* und *Abenddämmerung* von Michelangelo bewundern.

Piazza di Madonna degli Aldobrandini 6, www.bargellomusei.beniculturali.it, Tel. 0550649430, tgl. 8.15–14.00 Uhr, Eintritt 9 €, Bus C1 Cappelle Medicee

⑫ Der **Palazzo Medici Riccardi** wurde im Auftrag von Cosimo de' Medici gebaut. Bis 1540 wohnte die Familie de' Medici in diesem Palast, danach zogen die Riccardis hier ein. Ein Teil des Palazzo Medici Riccardi wurde in ein Museum

12

22

18

umgewandelt. Höhepunkt des Museums ist die Cappella dei Magi. Die Wände dieser winzigen Kapelle zieren Bilder aus dem florentinischen Alltagsleben, gemalt vom Renaissancemaler Gozzoli. Zum Museum gehören ein Innenhof und ein Garten mit Zitrusbäumen.

Via Camillo Cavour 1 (oder durch den Garten in der Via de' Ginori), www.palazzo-medici.it, Tel. 0552760340, Museum Mo, Di & Do–So 10.30–18.30 (Kasse schließt um 17.30) Innenhof & Garten Mo–Fr 8.30–18.30 Uhr, Eintritt Museum 7 €, bei Ausstellung 10 €, Innenhof & Garten frei, Bus C1 Piazza di San Lorenzo

⑱ Der **Chiostro dello Scalzo** ist eine der versteckten Perlen der Stadt. Dieser Kreuzgang bildete einst den Eingang zu einer Johannes dem Täufer geweihten Kapelle. Das Leben dieses Heiligen ist auf den außergewöhnlichen monochromen, also schwarz-weißen Fresken dargestellt.

Via Camillo Cavour 69, www.polomusealetoscana.beniculturali.it, Tel. 0552388604, Mo, Do, Sa & So 8.15–13.50 Uhr, Sa & So manchmal geschlossen, Eintritt frei, Bus C1, 7, 25 Salvestrina

(20) Die **Galleria dell'Accademia** war früher die Kunstakademie und ist vor allem für ihren berühmten „Bewohner" bekannt: der *David* von Michelangelo. Zunächst stand die Statue auf der Piazza della Signoria, aber Ende des 19. Jahrhunderts wurde sie in das Museum gebracht. Neben dem *David* kannst du hier auch andere berühmte Skulpturen von Michelangelo sehen.
Via Ricasoli 60, www.galleriaaccademiafirenze.beniculturali.it, Tel. 0550987100, Juni–Sept. Di & Fr 18.15–22.00, Mi, Do, Sa & So 8.15–18.50, Okt.–Mai Di–So 8.15–18.50 Uhr, Eintritt 12 €, Bus C1, 7, 20, 23, Piazza San Marco

(22) Das Gebäude des **Museo degli Innocenti** beherbergte einst das erste Kinderkrankenhaus und Waisenhaus Europas. Es wurde in der Renaissance von Filippo Brunelleschi entworfen. Links vom Eingang ist die Luke zu sehen, die für Findelkinder genutzt wurde. Im Museum sind Kunstwerke und Ikonen zum Thema „Mutter mit Kind" zu sehen. Fahre mit dem Aufzug zum **Caffè Il Verone** in die oberste Etage; hier kommt man auch ohne Museumsbesuch hin. Von der Dachterrasse kannst du den Duomo und die jüdische Synagoge von Florenz sehen.
Piazza della Santissima Annunziata 12, www.museodeglinnocenti.it, Tel. 0552037122, tgl. 10.30–18.30 Uhr, Eintritt 10 €, Bus 6, 14, 23, 31 Santissima Annunziata

(26) Das **Museo dell'Opera del Duomo** (OPA) hat eine Fläche von 6.000 m². Hier sind die wichtigsten Schätze und Kunstwerke aus dem Duomo und dem Battistero zu sehen. Bewundere die restaurierten goldenen Türen des Battistero, die zwischen 1425 und 1455 von Ghiberti gefertigt wurden. Wenn der Arno mal wieder droht, über die Ufer zu treten, können die Türen zum Schutz hochgezogen werden. Als das 1966 der Fall war, wurden viele Kunstwerke beschädigt.
Piazza del Duomo 9, www.operaduomo.firenze.it, Tel. 055230 28 85, Öffnungszeiten auf der Website (Reservierung notwendig), Eintritt Battistero & Museum 10 €, Bus C2 Oriuolo

(29) Die öffentliche **Biblioteca delle Oblate** befindet sich in einem wunderschönen alten Kloster. In der Bar in der obersten Etage kannst du inmitten der florentinischen Studenten einen leckeren *Caffè* trinken und den Blick auf den Duomo genießen. Im Sommer ist dies auch ein schöner Ort für einen *Aperitivo*.
Via dell'Oriuolo 24, fb bibliotecaoblate, Tel. 0552616512, Mo 14.00–22.00, Di–Fr 9.00–23.45, Sa 10.00–23.45 Uhr, Eintritt frei, Bus C2 Oriuolo

(36) Schon bevor du das **Museo Nazionale del Bargello** betrittst, kannst du durch die großen Fenster sehen, was dich erwartet. Der größte Teil der Sammlung, eine der wichtigsten Italiens, ist der Bildhauerei gewidmet. Du solltest dir in jedem Fall den *Bacchus* von Michelangelo und den *David* von Donatello ansehen.
Via del Proconsolo 4, www.bargellomusei.beniculturali.it, Tel. 0550649440, Öffnungszeiten auf der Website, Eintritt 8 €, Bus C2 Proconsolo

ESSEN & TRINKEN

(6) **Quinoa** ist eine grüne Oase mitten in der Stadt, direkt hinter den belebten Einkaufsstraßen und dem Duomo. Das Restaurant befindet sich im Innenhof eines alten Klosters und grenzt an die Kirche von Santa Maria Maggiore. Hier stehen viele Kräuterpflanzen, Zitronen- und Olivenbäume. Alle Gerichte sind zu 100 % glutenfrei.
Vicolo di Santa Maria Maggiore 1, www.ristorantequinoa.it, Tel. 055290876, Mo & So 12.30–15.00, Di–Sa 12.30–15.00 & 19.30–23.00 Uhr, Preis 16 €, Bus 14 Santa Maria Maggiore

(8) Starte bei **Konnubio** mit einem reichhaltigen Frühstücksbüfett in den Tag, iss mittags einen gesunden Salat und komm abends wieder für ein toskanisches Essen mit hausgemachter Pasta. Das Lokal ist stilvoll und mit vielen Pflanzen eingerichtet. In den Sommermonaten hat die Cocktailbar **Konnubio Corte** auf dem Innenhof des angrenzenden Palazzo Poggi Bianchieri geöffnet.
Via dei Conti 8r, www.konnubio.com, Tel. 0552381189, tgl. 7.30–10.30 & 12.00–15.00 & 19.00–22.30 Uhr, Cocktailbar Sommer Sa, So 17.30 bis spät abends, Preis 20 €, Bus C1 Cappelle Medicee

(13) Einer der angesagtesten Orte in Florenz ist **La Ménagère**. Dieses Konzeptrestaurant hat einen ganz eigenen Stil, der unter anderem ein Restaurant, einen Blumenladen, eine Kaffeebar und ein Einrichtungshaus nahtlos miteinander verbindet. Das coole Design der Innenausstattung rundet das Ganze ab. Abends verwandeln die Barkeeper die Cocktails in wahre Kunstwerke. Den *Spritz* können wir besonders empfehlen. Via de' Ginori 8r, www.lamenagere.it, Tel. 0550750600, tgl. 7.00–2.00 Uhr, Preis 25 €, Cappuccino 2,50 €, Bus C1, Piazza di San Lorenzo

13

37
FRESH FISH

25

38

8

6

38

6

(15) Siehst du ein mit Lichtern geschmücktes weißes Fahrrad am Straßenrand? Dann hast du **My Sugar** gefunden. Der *Gelatiere* (Eismacher) Alberto kreiert überraschende Geschmacksrichtungen, beispielsweise dunkles Schokoladeneis mit einem Hauch von Orange oder schwarzem Sesameis, das fast herzhaft schmeckt.
Via de' Ginori, 49r, fb mysugargelatoartigianale, Tel. 30696042, Mo & Mi–So 13.00–21.30 Uhr, Preis 2 Kugeln Eis 2,50 €, Bus C1 Carvour Palazzo Medici

(16) Im kleinen **SimBIOsi** bekommst du die leckersten Bio-Pizzen der Welt. Du kannst den Pizzabäckern auf die Finger schauen, weil der große Holzofen mitten im Restaurant steht. Donnerstags ist Gourmet-Pizza-Abend, und die Speisekarte wird um spezielle Beläge erweitert. Direkt nebenan gibt es biologische Pasta.
Via de' Ginori 56r/60r, www.simbiosi.bio, Tel. 0550640115, tgl. 12.00–0.00 Uhr, Preis Pizza 8 €, Bus C1 Cavour Palazzo Medici

(17) Es gibt auch rosa und gelbe Hamburger: Bei **Flower Burger** kannst du dir die Farben für dein Brötchen aussuchen. Sie werden mit natürlichen Zusätzen wie Rote Bete erreicht. Alle Hamburger sind vegetarisch und enthalten Zutaten wie Bohnen, Soja und Kichererbsen.
Via San Gallo 13r, www.flowerburger.it, Tel. 0554936687, tgl. 12.00–14.30 & 19.00–21.30 Uhr, Preis Burger 9 €, Bus C1 Cavour Palazzo Medici

(19) Hast du Lust auf etwas Herzhaftes? Dann solltest du in der **Focacceria Pugi** ein *Schiacciata*, das toskanische Focaccia, probieren. Wenn man den Locals Glauben schenken darf, ist Pugi die beste Adresse für dieses flache, knusprige Brot mit Olivenöl und Salz. Tipp: Bestelle ein Stück Pizza und nimm es mit auf die Stufen der Piazza Santissima Annunziata.
Piazza San Marco 9b, www.focacceria-pugi.it, Tel. 055280981, Mo–Sa 7.30–20.00 Uhr, Preis Pizzastück ab 1,60 €, Bus C1, 7, 10, 20, 23 Piazza San Marco

(21) In diesem gemütlichen Café werden Frühstück, ein preiswertes Mittagessen und ein Aperitif serviert. Weil **UnCaffe – Da i' Sardo** oft von Studenten aus dem Viertel überlaufen ist, darfst du deine Bestellung auch auf den Stufen des gegenüberliegenden Platzes essen.
Via Cesare Battisti 2, fb daisardo, Tel. 3473734307, Mo–Do 8.00–1.00, Fr, Sa 8.00–2.00, So 10.00–19.00 Uhr, Preis Mittagessen 6 €, Bus 6, 14, 23 Santissima Annunziata

(23) Bei **Brunellesco** ist jeder willkommen. Von Kunststudierenden bis zu Büroangestellten und Polizeibeamten. Bestelle einen Kaffee an der Bar und nimm ihn mit auf die schattige Terrasse neben dem La Rotonda. Für einen Tisch zum Mittagessen solltest du zeitig kommen, dann ist es hier normalerweise sehr voll. Bestaune drinnen die Kohlezeichnung des Nilpferds. Über dieser Bar arbeitete früher Filippo Brunelleschi, der Architekt des Duomo.
Via Degli Alfani 69r, www.brunellesco.it, Tel. 0553492325025, Mo–Fr 7.00–19.00 Uhr, Preis Pasta 6 €, Bus C1 Carvour Palazzo Medici/23 Via de' Pucci

(25) Du suchst nach einer gesunden Stärkung mitten in der Stadt? Dann komm in die ganz neu eingerichtete Salatbar **Rosalia Salad Gourmet** und stell dir selbst einen gesunden Teller zusammen oder wähle von der Menütafel. Hier kann man auch köstliche Smoothies und frisch gepresste Säfte bestellen.
Via dei Servi 37, Tel. 3207069331, Mo–Fr 8.00–19.00 Uhr, Preis Salat ab 7 €, Bus C1, 14, 23 Via de' Pucci

(27) Köstliches hausgemachtes Bio-Eis gibt es bei **Edoardo**. Hier werden die *Conos*, Hörnchen, jeden Morgen frisch gebacken. Probiere das Mandeleis oder wage dich an eine ausgefallene Sorte wie Chianti. Die Sorten orientieren sich an der Saison, dadurch gibt es zum Beispiel kein Erdbeereis im Winter. Lass dich von der Warteschlange nicht abschrecken, deine Geduld wird belohnt.
Piazza del Duomo 45r, www.edoardobio.com, Tel. 055281055, Feb.–Dez. tgl. 11.00–23.30 Uhr, Preis 2 Kugeln Eis 3,50 €, Bus C2 Oriuolo

(28) Das traditionelle Restaurant **Zio Gigi** ist immer gut besucht. „Onkel Gigi" ist ein lauter, liebenswürdiger Mann, der ab und zu spontan ein Lied anstimmt oder dich mit *„Ciao amore"* begrüßt! Hier gibt es einfache Gerichte, wie die regionale Spezialität *Ribollita* (toskanische Suppe). Ein guter Ort für dein Mittagessen. Dazu kannst du wie die Bauarbeiter und Geschäftsleute aus der Umgebung das günstige Tagesmenü mit zwei Gängen und einer Beilage (*Contorno*) wählen.
Via Folco Portinari 7r, Tel. 055215584, tgl. 12.00–14.30 & 19.00–22.30 Uhr, Preis Mittagsmenü 12 €, Bus C2 Oriuolo

(31) Im **Rooster Café** kannst du zu Mittag essen, brunchen oder eine längere Kaffeepause einlegen. Probiere einen frisch gepressten Saft wie Pink Pleasure mit

Mango, Apfel und Erdbeere oder den Pfannkuchen Jack Johnson mit Banane, Walnüssen und Zimt. Mit etwas Glück wird das Bananenbrot gerade aus dem Ofen geholt, wenn du kommst.

Via Sant'Egidio 37r, www.roostercafefirenze.com, Tel. 055240208, Di–Sa 9.00–16.00, So 10.00–16.00 Uhr, Preis Pfannkuchen 4 €, Saft 3 €, Bus C1, 14, 23 Sant'Egidio

(33) Im **Touch Bistrò Toscano** genießt du typisch toskanische Spezialitäten mit einer besonderen Note. Matteo, Max und Stefano haben sich in der Kochausbildung kennengelernt und 2012 ihr eigenes Restaurant eröffnet. Die Einrichtung ist eine Mischung aus Vintage und Design. Auf der Speisekarte stehen traditionelle Gerichte wie Gnocchi, Ossobuco und Kabeljau, aber alles wird modern zubereitet und wunderschön angerichtet. Hier werden auch Kochkurse angeboten.

Via di Mezzo 42r, www.thecookingtouch.com, Tel. 0552466150, Mo–Sa 19.00–22.30 Uhr, Preis 23 €, Bus C1, C2, 14, 23 Salvemini

(35) Beim Imbiss **Il Coccolo** bekommst du frittierte Pizzateigkugeln *(Coccolo)*, die du selbst mit Nutella, Kirschmarmelade oder Sahne füllen kannst. Es stehen aber

Coffee is serious business

auch herzhafte *Coccoli* auf der Karte. Ein florentinischer Klassiker ist der *Coccolo* mit *Stracchino* (Weichkäse) und Rohschinken. Das Essen kommt auf einem kleinen Zug aus der Küche an die Bar, wo dir die Köstlichkeiten angereicht werden.
Via Matteo Palmieri 30r, fb ilcoccolofirenze, Tel. 0550684950, Mo–Do 11.00–15.00 & 18.00–24.00, Fr, Sa 11.00–3.30, So 11.00–15.00 & 18.00–3.00 Uhr, Preis gefüllte Coccolo 3 €, Bus C1, C2, 14, 23 Salvemini

(37) Im **Fishing Lab alle Murate** isst du unter den Gewölben eines alten Palazzo den köstlichsten Fisch. An den Decken kann man noch die ursprünglichen Fresken sehen. Erst kürzlich entdeckte man, dass eines der Gemälde Dante Alighieri darstellt. Nach unten kannst du durch den Glasboden die Ausgrabungen sehen. Hier kannst du dir eine festliche Meeresfrüchteplatte bestellen oder einfach ein Streetfood-Menü mit frittiertem Fisch und Pommes. Reservierung empfohlen.
Via del Proconsolo 16r, www.fishinglab.it, Tel. 055240618, tgl. 11.00–0.00 Uhr, Preis 16 €, Bus C2 Ghibelina Bargello

(38) Bei **Il Vinile** dreht sich alles um Musik! Morgens trinkst du hier deinen Cappucchino an einem aus Schallplatten bestehenden Tisch und abends einen Cocktail an einer Bar, die wie ein Klavier aussieht. Höre dir zusammen mit den Locals Rockmusik oder 80er-Jahre-Disco-Hits an und bestelle dir dazu ein paar Snacks.
Via Dante Alighieri 10r, Tel. 055281618, Mo–Fr 8.30–2.00, Sa 8.30–14.00, So 9.00–2.00 Uhr, Preis Bier 3,50 €, Bus C2 Canto alla Quarconia

SHOPPEN

(4) Fashionistas aus ganz Italien (und dem Rest der Welt) besuchen **Luisaviaroma** auf der Suche nach den neuesten Trends und für die angesagteste Designerkleidung für Damen und Herren. In der ersten Etage befindet sich die fröhliche Bar **Floret**, wo du Brunch- und Mittagsgerichte wie Poké-Bowls bestellen kannst.
Via Roma 19/21r, www.luisaviaroma.com, Tel. 0559064116, Mo–Sa 10.00–19.30, So 11.00–19.30 Uhr, Bus C1, C2 Duomo Firenze

(5) Die Modemarke **Patrizia Pepe** wurde 1993 in Florenz gegründet und ist bei den Florentinerinnen sehr beliebt. Auf der ersten Etage findest du sowohl ele-

gante als auch coole Kleidung. Runde dein Outfit mit einem Paar schöner Schuhe und einer passenden Tasche ab. Die Herren werden in der Filiale in der Via degli Strozzi (zwischen der Piazza Repubblica und der Piazza Strozzi) fündig.
Piazza San Giovanni 12r, www.patriziapepe.com, Tel. 0552645056, Mo–Sa 10.00–19.30, So 10.00–19.00 Uhr, Bus C2 Olio

⑦ Bei **UB** findest du hochwertiges Vintage fürs Zuhause. Hier gibt es Tapetenrollen, italienische Straßenschilder, Cocktailgläser, Möbel und Designerlampen. Das Geschäft wurde bereits in mehreren führenden Einrichtungs- und Modemagazinen vorgestellt. Es ist geplant, hier demnächst auch Kaffee zu servieren, damit du zwischen deinen tollen Fundstücken eine Verschnaufpause einlegen kannst.
Via dei Conti 4, www.ubfirenze.it, Tel. 055214884, Mo–Sa 9.30–13.00 & 14.30–19.00 Uhr, Bus C1 Capelle Medicee

⑭ Abseits der belebten Einkaufsstraßen zieht das alte Motorrad im Eingang von **Melrose Vintage** deine Aufmerksamkeit auf sich. Dieser Vintage-Shop ist vor allem für den Verkauf der *Chiodo*, der typischen Biker-Lederjacke, bekannt. Aber du bekommst hier auch andere coole Vintage-Kleidung. Es gibt noch eine zweite, kleinere Filiale in der Via Largo Alinari Nr. 8.
Via de' Ginori 18r, melrosevintage.business.site, Tel. 0552670030, Mo–Sa 10.00–20.00, So 14.00–20.00 Uhr, Bus C1 Piazza di San Lorenzo

㉔ Für Vintage-Fans: Diese Perle dürft ihr euch nicht entgehen lassen. Im riesigen **Street Doing** findest du Kleider, Taschen, Schuhe, Abendkleider und Schals. Alles von bekannten italienischen Designern wie Pucci, Gucci und Missoni, allerdings die Originalversionen aus den 60er- und 70er-Jahren. Sogar Stylisten kommen gern hierher, um nach originellen Artikeln zu suchen! Hier findet man im Handumdrehen, was das Herz des Vintage-Fans begehrt.
Via dei Servi 88r, www.streetdoingvintage.it, Tel. 0555381334, Mo–Sa 10.30–19.30, So 14.30–19.30 Uhr, Bus C1, 14, 23 Via de' Pucci

㉚ Obwohl man auch in Deutschland eine Tasche von Gabs kaufen kann, ist ein Exemplar aus Florenz etwas ganz Besonderes: Hier werden sie nämlich hergestellt. Bei **Tuorlo** hängen die neuesten Entwürfe dieser farbenfrohen Taschenmarke. Wenn man dieses Geschäft betritt, schlägt einem direkt der Geruch von

14
SENSATIONAL!
LES BAXTER'S
Fashion
LA MODA
MODA
LA STORIA COMPLETA
CINQUANTA ABITI
CHE HANNO CAMBIATO IL MONDO
* The best hidden shops

echtem Leder entgegen. Die japanische Inhaberin verkauft auch ihren eigenen Schmuck aus Leder, Knoten und Perlen.

Via Sant'Egidio 9r, www.tuorlo-kimi.com, Tel. 0559063133, Mo 15.00–19.30, Di–Sa 10.30–13.30 & 14.30–19.30 Uhr, Bus C1, 14, 23 Sant'Egidio

(32) Auf der Suche nach einem ganz besonderen Outfit? Die Designerin Carla Macis näht die schönsten Kleider aus Stoffen der 50er-, 60er- und 70er-Jahre. Außerdem verkauft sie bei **Mrs Macis** Taschen und Schmuck aus Stoff.

Borgo Pinti 38r, Tel. 0552476700, Mo–Sa 10.30–13.00 & 16.00–19.30 Uhr, Bus C1, C2, 14, 23 Salvemini

(34) Im Schokoladengeschäft **Vestri** bekommst du allerlei Schokoriegel und Pralinen. Im Sommer gibt es auch Schokoladeneis und im Winter Becher mit dickflüssigem Kakao, den man mit einem Löffel isst. Wenn du ein Geschenk suchst, bist du hier genau richtig. Alles wird mit viel Liebe wunderschön eingepackt.

Borgo degli Albizi 11r, www.vestri.it, Tel. 0552340374, Mo–Sa 10.30–19.30 Uhr, Bus C1, C2, 14, 23 Salvemini

FREIZEITTIPPS

(2) Auch wenn 463 Stufen ziemlich anstrengend sind, lohnt es sich, die Kuppel des **Duomo** zu besteigen. Auf dem Weg nach oben kannst du die Fresken von Vasari „berühren" und Brunelleschis unglaubliches Bauwerk aus der Nähe bewundern. Oben angekommen hast du einen phänomenalen Blick auf den Dom und über die Stadt. Um Gedränge und Hitze zu meiden, besteigst du die Kuppel in der Hochsaison am besten morgens.

Piazza San Giovanni, https://duomo.firenze.it/en/discover/giotto-s-bell-tower, Tel. 0552302885, tgl. 8.15–19.20 Uhr (Reservierung erforderlich), Eintritt 20 €, Bus C1, C2 Duomo Firenze

(10) Die Weinhandlung von **Fratelli Zanobini** ist bis unters Dach mit Weinflaschen und anderen alkoholischen Getränken vollgestopft. Die Marmortheke in der Mitte des Ladens ist ein Treffpunkt für Nachbarn, Touristen und Marktbeschicker. Das Besondere ist, dass die Brüder auch ein eigenes Weingut besitzen: Tenuta Le Lame. Sie organisieren auch Fahrten dorthin. Natürlich kannst du ihre Weine im Geschäft verkosten und kaufen.

Via Sant'Antonino 47r, www.lelame.com, Tel. 0552396850, Mo–Sa 8.30–14.00 & 15.30–20.00 Uhr, Preis Glas Wein 3 €, Weinverkostung bei Tenuta le Lame 25 € p.P. (bei 2 Personen, inkl. Snacks und 3 Weinen), Bus C1 Piazza di San Lorenzo

(11) Mitten auf dem Markt von San Lorenzo steht der **Mercato Centrale**. Diese Markthalle wurde von dem Architekten Giuseppe Mengoni entworfen, der auch die berühmte Einkaufsgalerie Galleria Vittorio Emanuele in Mailand entworfen hat. Im Erdgeschoss gibt es frisches Gemüse, Obst, Fisch, Fleisch und italienischen Wein. Hunger bekommen? Dann solltest du dir ein Brötchen mit Kochfleisch (*Panino con Bollito*) bei der berühmten **Trattoria da Nerbone** bestellen. Oder du gehst direkt durch in die erste Etage für das beste Streetfood von Florenz. Hier kannst du am Tisch bestellen oder du holst dir etwas bei einem der Restaurants ab und setzt dich dann an einen der großen Gemeinschaftstische. Deine Getränke bestellst du bei den Kellnern.

Via dell'Ariento 87r, www.mercatocentrale.it, Tel. 0552399798, Mo–Sa 7.00–14.00, Sommer Mo–Fr 7.00–14.00 Uhr, 1. Etage tgl. 10.00–0.00 Uhr, Bus C1 San Lorenzo

ROUTE 2

SANT'AMBROGIO, SANTA CROCE, PIAZZA SIGNORIA & VIA TORNABUONI

INFOS ZUR ROUTE

Dieser stramme Spaziergang führt dich an den wichtigsten Mode- und Kunstmuseen der Stadt entlang, aber auch zu netten Einkaufsstraßen, einem Markt und originellen Einkehrmöglichkeiten. Er führt dich auch zu einem ehemaligen Gefängnis, wo man heute allerlei erleben kann. Für weitere Shoppingmöglichkeiten gehst du im Viertel Sant'Ambrogio weiter auf dem Borgo la Croce und zur Via Vincenzo Gioberti, wo hauptsächlich Locals shoppen.

DIE VIERTEL

Das Viertel **Sant'Ambrogio** ist noch nicht so ein Touristenmagnet, aber hier gibt es viel zu entdecken. In diesem lebendigen Arbeiterviertel locken viele Geschäfte, Restaurants und zwei tolle Märkte: der florentinische Flohmarkt am **Largo Pietro Annigoni** und der Morgenmarkt von Sant'Ambrogio. Abends kann man rund um den Borgo la Croce etwas trinken und im Hof des ehemaligen Gefängnisses **Le Murate** kommt man oft in den Genuss von Livemusik.

Piazza Santa Croce ist ein gemütlicher Platz mit Bänken und Kiosken, wo sich die Jugendlichen aus Florenz oft treffen. Auch hier kämpfen jedes Jahr am 24. Juni die vier historischen Viertel der Stadt um den Sieg beim Calcio Storico, einem Fußballspiel in Verkleidung, das es schon seit 600 Jahren gibt. Ausgehen und gut essen kann man rund um den Markt von Sant'Ambrogio und in der **Via dei Benci**.

Die Piazza Signoria ist das politische Herz der Stadt und wird vom **Palazzo Vecchio**, dem Rathaus, dominiert. Man sagt, Florenz sei eine Art Freiluftmuseum, dieser Platz ist ein gutes Beispiel dafür. Hier findest du nicht nur eines der wichtigsten Museen der Welt, die **Gallerie degli Uffizi**, sondern auch die berühmte Skulpturengalerie **Loggia dei Lanzi** und den berühmten **Neptunbrunnen**. Der beliebte Platz ist von hohen, stattlichen Gebäuden und Terrassen umgeben. Die belebten

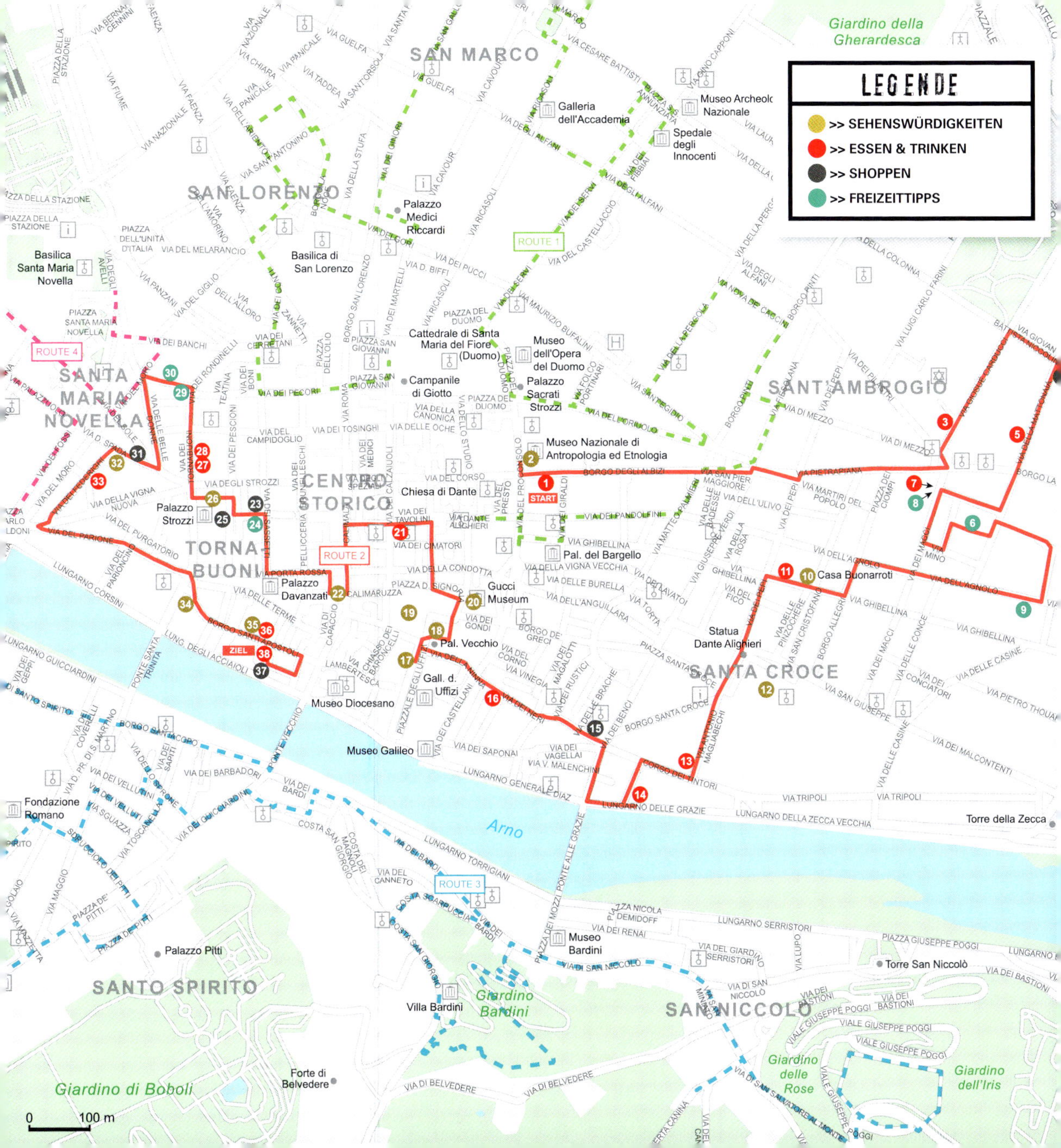
LEGENDE
>> SEHENSWÜRDIGKEITEN
>> ESSEN & TRINKEN
>> SHOPPEN
>> FREIZEITTIPPS
SAN MARCO
SAN LORENZO
SANTA MARIA NOVELLA
CENTRO STORICO
TORNA-BUONI
SANT'AMBROGIO
SANTA CROCE
SANTO SPIRITO
SAN NICCOLÒ
ROUTE 1
ROUTE 2
ROUTE 3
ROUTE 4
START
ZIEL
Arno
Giardino della Gherardesca
Galleria dell'Accademia
Museo Archeologico Nazionale
Spedale degli Innocenti
Palazzo Medici Riccardi
Basilica di San Lorenzo
Basilica Santa Maria Novella
Cattedrale di Santa Maria del Fiore (Duomo)
Museo dell'Opera del Duomo
Campanile di Giotto
Palazzo Sacrati Strozzi
Museo Nazionale di Antropologia ed Etnologia
Chiesa di Dante
Palazzo Strozzi
Palazzo Davanzati
Gucci Museum
Pal. del Bargello
Casa Buonarroti
Pal. Vecchio
Gall. d. Uffizi
Museo Diocesano
Museo Galileo
Statua Dante Alighieri
Torre della Zecca
Fondazione Romano
Palazzo Pitti
Museo Bardini
Villa Bardini
Giardino Bardini
Torre San Niccolò
Forte di Belvedere
Giardino di Boboli
Giardino delle Rose
Giardino dell'Iris
0 100 m

Einkaufsstraßen **Via Roma** und **Via Calzaiuoli** sind das Revier der beliebtesten Ladenketten und vor allem an den Wochenenden der Treffpunkt der Jugend. Auf der großen **Piazza Repubblica** kannst du es dir zwischen Geschäftsleuten und Touristen auf einer der Terrassen gemütlich machen. Aber Achtung, die Preise hier können es in sich haben. In der **Via Tornabuoni** kannst du dir an den schicken Läden der berühmten italienischen Premium-Modemarken die Augen aus dem Kopf gucken. Eine Runde (Schaufenster-)Bummeln ist hier ein Muss.

WENIG ZEIT? DAS SIND DIE HIGHLIGHTS:
PIAZZA SIGNORIA/LOGGIA DEI LANZI + GALLERIE DEGLI UFFIZI + BASILICA DI SANTA CROCE + MERCATO DI SANT'AMBROGIO + MELALEUCA

TIPPS
// Schön für den ersten oder einen erneuten Besuch
// Am besten morgens, zur Marktzeit
// Lässt sich auf zwei Tage aufteilen

SANT'AMBROGIO, SANTA CROCE, PIAZZA SIGNORIA & VIA TORNABUONI

1. La Milkeria
2. Museo Nazionale di Antropologia ed Etnologia
3. La Cucina di Pesce Pane
4. Société Anonyme
5. Nugolo
6. Mercato di Sant'Ambrogio / Mercato delle Pulci
7. Il Pizzaiuolo
8. Il Teatro del Sale
9. Le Murate
10. Casa Buonarotti
11. Le Vespe Cafe
12. Basilica di Santa Croce
13. Dim Sum
14. Melaleuca Bakery + Bistrot
15. Florence Factory
16. All'Antico Vinaio
17. Gallerie degli Uffizi
18. Palazzo Vecchio
19. Piazza della Signoria/Loggia dei Lanzi
20. Gucci Garden
21. Perchè No
22. Loggia del Mercato Nuovo
23. Gerard
24. Cinema Odeon
25. Flow Run
26. Palazzo Strozzi
27. Procacci 1885
28. Obicà
29. Buchette del vino
30. Casa Abitata
31. MIO
32. Museo Marino Marini/Cappella Rucellai
33. I Latini
34. Salvatore Ferragamo Museum
35. Aria Art Gallery
36. Mangiafoco Osteria Tartuferia
37. Boutique Nadine
38. Amblé

BESCHREIBUNG ROUTE 2 (ca. 5,6 km)

Starte deinen Tag mit einem Frühstück 1 amBorgo degli Albizi. Wende dich vor der Tür nach links und sofort nach rechts zum Museum 2. Gehe danach an La Milkeria vorbei zurück. Folge dem Straßenverlauf, überquere die Via G. Verdi und folge der Via Pietrapiana bis zur Kirche auf dem Platz. Für Fisch biegst du links und direkt wieder rechts auf die Via G. Carducci ab 3. Geradeaus bis zum Park. Rechts an der Ecke gibt es Streetwear 4. Gehe rechts auf die Via Mantonaia, um etwas zu essen, und dann weiter bis zum Markt 5 6. Drehe auf der Via de Macci eine Runde um die Markthalle, wo du Pizza essen und abends eine Show ansehen kannst 7 8. Über den Flohmarkt und den Fußweg geht es rechts zum alten Gefängnis 9. Folge der Via dell'Agnolo. Biege links in den Borgo Allegri ein und nach rechts für Michelangelo und Mittagessen 10 11. An der Via dei Pepi biegst du links ab bis zur Basilika 12. An der Kirche vorbei für eine Stärkung 13. Auf der Corso dei Tintori rechts und wieder links in die Gasse. Für eine *Cinnamon Roll* 14 wende dich am Ende nach links. Gehe zurück in die andere Richtung, ein Stück am Fluss entlang, und biege rechts in die Via de Benci ab. Für Design und Brötchen an der Kreuzung nach links auf die Via de Neri 15 16. Gehe weiter, überquere die Via de Leoni und folge der Via Ninna geradeaus bis zu den Uffizi links 17. Rechts liegt die Piazza Signoria mit Loggia del Lanzi und Palazzo Vecchio 18 19. Über den Innenhof durch den Palazzo Vecchio kommst du zum Gucci-Museum 20. Geh nach rechts auf die Via Farine und dann für ein Eis links in die Via dei Tavolini 21. Über die Einkaufsstraße und an der Kirche vorbei. An der Via Calimala biegst du links ab, gehst zum Markt und streichelst den Eber 22. Nimm die Via Porta Rossa, geh rechts über die Piazza Davanzati und weiter geradeaus auf der Via de Sassetti. Links an der Ecke ist ein schicker Laden und gegenüber ein Kino 23 24. Vorbei an Sneakern und Kunst 25 26. Verlasse den Palazzo über den Hinterausgang. Wenn du rechts abbiegst, genieße auf der Via de Tornabuoni Pizza oder Trüffelbrötchen 27 28. Links, auf der Via del Trebbio, locken Wein und Kunst 29 30. An der Kreuzung geht es scharf links auf die Via Belle Donne. Zum Shoppen geht es an der nächsten Kreuzung auf die Via Spada 31. Links, auf der Piazza, kannst du das Museum besuchen 32. Auf der Via dei Federighi gibt es gutes Fleisch 33. Am Ende der Straße nach rechts auf die Via Vigna Nuova und sofort links in die Via del Parione. Folge ihr bis zur Piazza Sta Trinitá und dem Schuhmuseum 34. Kunst und ein leckeres Abendessen gibt es links auf dem Borgo Santi Apostoli 35 36. Biege rechts in die Vicolo dell'Oro ein und für Mode und Aperitif noch mal rechts 37 38.

SEHENSWÜRDIGKEITEN

(2) Wenn du dich für die Sitten und Gebräuche anderer Völker interessierst, besuche das **Museo Nazionale di Antropologia ed Etnologia**. Die beeindruckende Sammlung besteht aus über 10.000 Objekten aus der ganzen Welt. Im Bereich über Ozeanien kannst sehen, was der Entdecker Cook gesammelt hat.
Via del Proconsolo 12, www.sma.unifi.it, Tel. 0552756444, Öffnungszeiten auf der Website, Eintritt 6 €, Bus C1, C2 Proconsolo

(10) Die **Casa Buonarotti** kaufte Michelangelo Buonarotti für seine Familie. Im ehemaligen Wohnhaus befinden sich noch seine Pantoffeln, verschiedene Studien und Zeichnungen sowie Porträts, die andere Maler von ihm angefertigt haben, sowie das hölzerne Modell der Fassade von San Lorenzo. Bestaune in jedem Fall die Skulptur *Madonna della Scala* von 1490. Diese hat Michelangelo im Alter von nur fünfzehn Jahren nach einem Vorbild des Bildhauers Donatello angefertigt.
Via Ghibellina 70, www.casabuonarroti.it, Tel. 055241752, März–Okt. Mo & Mi–So 10.00–17.00, Nov.–Feb. Mo & Mi–So 10.00–16.30 Uhr, Eintritt 8 €, Bus C2, C3 Ghibellina Pepi

(12) Die einzige leicht frivole Verzierung der **Basilica di Santa Croce** ist die neugotische Fassade, die erst fünf Jahrhunderte nach dem Bau hinzugefügt wurde. Die Franziskaner, die die Kirche gegründet haben, strebten ein Leben ohne Reichtum an. Aber dank der Spenden der wohlhabenden Florentiner für ein Grab in der Kirche wurde die Basilika zu einer der reichsten der Stadt. Hier findest du die letzten Ruhestätten von berühmten Persönlichkeiten wie Galileo Galilei, Michelangelo und Machiavelli. Die berühmte Cappella dei Pazzi, deren Kuppel schon von der Piazza Santa Croce aus zu sehen ist, wurde von Brunelleschi gebaut.
Piazza Santa Croce, www.santacroceopera.it, Tel. 0552466105, Mo–Sa 9.30–17.00, So 14.00–17.00 Uhr, Eintritt 8 €, Bus 23, C3 Magliabechi

(17) Im Auftrag von Cosimo I de' Medici begann Giorgio Vasari 1560 mit dem Bau der **Gallerie degli Uffizi**. Anfangs diente das Gebäude als Büro für die Stadtverwaltung, aber schon bald beschloss Cosimos Sohn, die zweite Etage als Museum zu nutzen. Ende des 16. Jahrhunderts wurde sie einem ausgewählten Publikum zugänglich gemacht, was für die damalige Zeit einzigartig war. Heute sind die Uffi-

Get cultured!

zien eines der bedeutendsten Museen der Welt. Hier hängen Werke von Leonardo da Vinci, Botticelli, Rubens, Caravaggio und Rembrandt. In der Hochsaison solltest du deine Eintrittskarten reservieren, um lange Wartezeiten zu vermeiden. Piazzale degli Uffizi 6, www.uffizi.firenze.it, Tel. 055294883, Di–So 8.15–18.50 Uhr, Eintritt März–Okt. 20 €, Nov.–Feb. 12 €, Kombiticket Gallerie degli Uffizi, Palazzo Pitti & Giardino di Boboli März–Okt. 38 €, Nov.–Feb. 18 , Reservierungsgebühr 4 €, Bus C1 Galleria degli Uffizi

(18) An der Piazza della Signoria steht der imposante **Palazzo Vecchio**, das Rathaus der Stadt. Er wurde Ende des 13. Jahrhunderts gebaut und dominiert mit seinem 94 Meter hohen Turm die Skyline von Florenz. Vom Turm aus hat man eine wunderschöne Aussicht. Im Museumsteil kannst du den beeindruckenden Salone dei Cinquecento besuchen. Er diente im 15. Jahrhundert als Sitzungssaal für die 500 Stadtvertreter. Im Palazzo kann immer noch geheiratet werden. Piazza della Signoria, www.imuseidifirenze.it/palazzo-vecchio, Tel. 0552768325, Öffnungszeiten auf der Website, Eintritt Museum 12,50 €, mit Turm 17,50 € (Reservierung erforderlich), Bus C1, Galleria degli Uffizi

(19) Auf der **Piazza della Signoria** steht die *Fontana del Nettuno* von Ammanati, der erste öffentliche Brunnen der Stadt. Hier findest du auch eine Replik des *Davids* von Michelangelo. In der Ecke des Platzes befindet sich die **Loggia dei Lanzi**, ein Arkadengang mit einer Reihe von Statuen. Highlight ist Cellinis bronzener *Perseo*, der über drei Meter hoch ist. Auf dem Dach der Gallerie befindet sich eine Dachterrasse, heute die Terrasse der Gallerie degli Uffizi. Von hier aus konnten die Medici auf den Platz hinabschauen. Besuche den Platz am besten abends, wenn er schön beleuchtet ist.

Piazza della Signoria, Eintritt frei, Bus C2 Condotta

(20) Die Familie Gucci lebt noch immer in Florenz. In **Gucci Garden** kannst du dir Kleidung, Schuhe und Wohnaccessoires im Laden ansehen. In den oberen Etagen findest du das Museum mit extravaganten Gucci-Kleidern und einer Abteilung mit antiken Koffern und Beautycases. Im Restaurant sind die Speisen auf deinem Teller so bunt wie die Modemarke selbst.

Piazza della Signoria 10, www.gucci.com, Tel. 05575927010, Museum und Laden tgl. 10.00–22.30, Restaurant tgl. 12.30–15.00 & 19.00–22.00 Uhr, Eintritt Museum 8 €, Bus C2 Condotta

(22) Die **Loggia del Mercato Nuovo**, besser bekannt als Loggia del Porcellino, wird schon seit ihrem Bau im 16. Jahrhundert als Marktplatz genutzt. Heute werden dort Souvenirs und Lederwaren verkauft. Unter der Loge steht das berühmte *Il Porcellino*, die Bronzestatue eines Ebers. Reibe seine glänzende Schnauze und stecke eine Münze in sein Maul; das soll Glück bringen.

Piazza del Mercato Nuovo, März–Nov. tgl. 9.00–20.00, Dez.–Feb. Di–So 9.00–19.30 Uhr, Bus C2 Porta Rossa

(26) Die Familien Strozzi und de' Medici waren rivalisierende Bankiersfamilien. 1478 gab Filippo Strozzi den imposanten **Palazzo Strozzi** in Auftrag, um seinen ewigen Feind auszustechen. In der ersten Etage finden Ausstellungen internationaler Künstler statt. Im Innenhof – wo häufig auch Installationen von Künstlern stehen – kannst du bei **Strozzi Caffè** einen Kaffee trinken.

Piazza Strozzi, www.palazzostrozzi.org, Tel. 0552645155, Ausstellungen Mo–Mi & Fr–So 10.00–20.00, Do 10.00–23.00 Uhr, Eintritt 12 € (je nach Ausstellung), Bus C2 Piazza della Repubblica

(32) Das **Museo Marino Marini** befindet sich in der ehemaligen Kirche San Pancrazio, einer der ältesten Kirchen von Florenz. Marino Marini (1901–1980) war ein bekannter italienischer Bildhauer der Moderne. Die Ausstellung beginnt mit seiner imposanten Skulptur *Pferd und Reiter* (sechs Meter hoch), deren erstes Exemplar im Marinipark in Den Haag steht. Neben den Werken von Marino Marini kannst du dir hier auch die **Cappella Rucellai** mit dem berühmten Tempel des Künstlers Leon Battista Alberti ansehen.

Piazza San Pancrazio, www.museomarinomarini.it, Tel. 055219432, Mo, Sa & So 10.00–19.00, Mi–Fr 10.00–13.00 Uhr, Eintritt Museum 6, inkl. Cappella Rucellai 9,50 €, Bus 6, 11 Piazza degli Ottaviani

(34) Salvatore Ferragamo wurde auch „Schuhmacher der Stars" genannt. Er arbeitete u. a. für Marilyn Monroe, Sophia Loren und Audrey Hepburn. Alle Schuhe, die er zeitlebens entworfen hat, kannst du im **Salvatore Ferragamo Museum** finden. Außer Schuhen sind hier auch Skizzen, Fotos und alte Werbeplakate zu sehen. Das Museum befindet sich im Untergeschoss des Palazzo Spini Ferroni.

Piazza Santa Trinita 5r, www.ferragamo.com/museo, Tel. 0553562846, tgl. 10.00–19.30 Uhr, Eintritt 8 €, Bus C3 Coverelli

(35) Die **Aria Art Gallery** befindet sich in einem schönen kleinen Garten, nur einen Steinwurf vom geschäftigen Ponte Vecchio entfernt. In diesem grünen Paradies kannst du dir moderne Gemälde und besondere Skulpturen von nationalen und internationalen Künstlern ansehen. Auch im Garten ist Kunst zu finden. Ein Ort der Entspannung mitten in der Stadt.

Borgo Santi Apostoli 40r, ariaartgallery.com, Tel. 055216150, Mo 15.30–19.30, Di–Sa 10.30–13.30 & 15.30–19.30 Uhr, Eintritt frei, Bus C3, D Ponte Vecchio

ESSEN & TRINKEN

(1) Die erfrischend eingerichtete **La Milkeria** ist die perfekte Adresse für ein Frühstück oder eine Kaffeepause. Bestell dir knusprige, warme Waffeln, frisch aus dem Eisen, oder Pfannkuchen, Eisbecher, Bagel und (Eis-)Kaffee auf der Karte.

Borgo degli Albizi 87r, www.lamilkeria.com, Tel. 0559756052, Mo–Do 8.00–19.30, Fr & So 8.00–23.30, Sa 8.00–0.30 Uhr, Preis Pfannkuchen 8,50 €, Bus C1, C2 Proconsolo

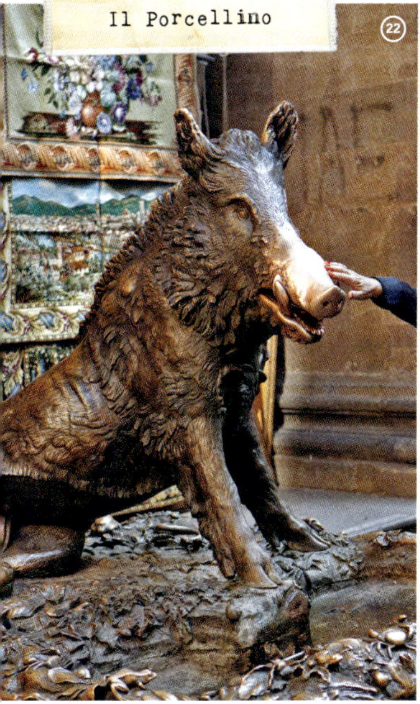

Il Porcellino

3

1
Caffetteria
ICE
Cremeria
LA MILKERIA
Cremeria
LA MILKERIA

16
All'antico Vinaio

16

(3) **La Cucina di Pesce Pane** ist ein kleines Straßen- und Meeresfrüchterestaurant, wo du frittierte Anchovis, Garnelen und Tintenfischringe essen kannst. Unsere Empfehlung: *Gran Fritto Misto*. Oder du bestellst dir echtes Fish and Chips.

Via Giosuè Carducci 13r/15r, www.pescepane.it, Tel. 0552344397, Di–So 12.00–15.00 & 19.30–22.30 Uhr, Preis Teller mit frittiertem Fisch, Garnelen und Tintenfischringen 16 €, Bus C2, C3 Annigoni

(5) Die Jungunternehmer Nerina, Filippo und Simone eröffneten 2019 das romantische Restaurant **Nugolo**, das einem Stadtgarten ähnelt. Überall gedeihen Pflanzen. Mitten im Raum steht ein gläsernes Gewächshaus, in dem man den Köchen Simone und Filippo bei der Arbeit zusehen kann. Die Gerichte sind traditionell und saisonal, aber immer mit Pfiff.

Via della Mattonaia 27r, www.ilnugolo.com, Tel. 0550944712, Öffnungszeiten auf der Website, Preis 14 €, Bus C2, C3 Annigoni

(7) In dieser kleinen *Osteria*, direkt am Markt von Sant'Ambrogio, gibt es die leckersten Pizzen. Die von **Il Pizzaiuolo** sind nach neapolitanischer Art mit einem etwas dickeren Rand. Es gibt auch Nudeln mit Fisch und Meeresfrüchten. Für abends empfehlen wir, zu reservieren: Im Sommer steht man hier oft Schlange.

Via de' Macci 113r, www.ilpizzaiuolo.com, Tel. 055241171, Mo–Sa 12.30–15.00 & 17.00–0.00 Uhr, Preis Pizza 8,50 €, Bus C2, C3 Annigoni

(11) Eine beliebte Adresse unter amerikanischen Studenten in Florenz ist **Le Vespe Café**. Hier bekommt man ein herzhaftes Frühstück, Mittagessen oder Brunch. Du kannst dir ein *Full English Breakfast* mit Bohnen, Ei, Würstchen und Bratkartoffeln bestellen. Oder du entscheidest dich für Pancakes mit Maple Syrup.

Via Ghibellina 76r, www.levespecafe.com, Tel. 0553880062, Mo–Fr 10.00–19.00 & Sa–So 10.00–15.00 Uhr, Preis Mittagsgericht 8 €, Bus C2, C3 Ghibellina Pepi

(13) Das chinesische Restaurant **Dim Sum** ist total angesagt. Die hippen Locals haben diese erste Noodlebar von Florenz schnell entdeckt. Von deinem Tisch im modern eingerichteten Restaurant aus kannst du dem Koch bei der Zubereitung von Dumplings und Ravioli zusehen.

Via Magliabechi 9r, www.dimsumrestaurant.it, Tel. 055284331, Di–So 12.00–15.00 & 19.00–23.00 Uhr, Preis Teller Noodels 11 €, Bus C3 Magliabechi

(14) Direkt am Arno befindet sich das Café der Australierin Chloe. Nach der Eröffnung 2019 wusste ganz Florenz schnell, dass man bei **Melaleuca Bakery + Bistrot** die leckersten *Cinnamon Rolls* der Stadt bekommt. Noch eine süße Empfehlung ist die *Pastel de Nata*, ein portugiesisches Gebäck. Außerdem gibt es eine Auswahl an Salaten, (Möhren-)Kuchen, Cupcakes, Bagel und Säften.
Lungarno delle Grazie 18, fb melaleuca, Tel. 0556146894, tgl. 9.00–16.00 Uhr, Preis Bagel 9 €, Cinnamon Roll 3,50 €, Bus 23 Grazie

(16) Wenn du in die Via dei Neri kommst, wirst du dich fragen, wofür all diese Menschen Schlange stehen. Nicht lange überlegen, einfach anstellen für **All'Antico Vinaio**. Deine Geduld wird mit frischer *Schiacciata*, toskanischem Brot, belegt mit Fleisch, Käse oder Gemüse belohnt. Vergiss nicht, dir ein Glas Chianti einzuschenken. Achtung! Wenn du dich zum Essen auf den Bürgersteig setzt, musst du mit einem saftigen Bußgeld der Polizei rechnen.
Via dei Neri 65r, www.allanticovinaio.com, Tel. 0552382723, Di–Sa 10.00–22.00, So 10.00–4.00 Uhr, Preis Schiacciata 6 €, Bus C1 Galleria degli Uffizi

(21) Elegant ist die Eisdiele **Perchè No** nicht. Aber das ist auch nicht der Grund für einen Besuch, sondern das köstliche Eis. Es ist eine der besten *Gelaterias* der Stadt, wo das Eis mit rein natürlichen Zutaten hergestellt wird. Lass dich von den Menschenmassen nicht abschrecken: Meistens kommt man schnell dran.
Via dei Tavolini 19r, fb gelateriapercheno, Tel. 0552398969, Sommer Mo & Mi–So 11.00–23.00, Di 12.00–20.00, Winter Mo & Mi–So 12.00–20.00 Uhr, Preis Eis 2 €, Bus C2 Clarks Orsanmichele

(27) In der schicken Weinbar **Procacci 1885** dreht sich alles um die Trüffel. Lass dich von einem guten Glas Wein verwöhnen und iss dazu ein köstliches Trüffelbrötchen, die Spezialität dieses Lokals. Wähle zum Beispiel ein mit Anchovis, Butter und Trüffel belegtes Brötchen oder eine Käseplatte mit Trüffelhonig und Trüffelkäse.
Via Tornabuoni 64r, fb procacci1885firenze, Tel. 055211656, Mo–Sa 10.00–21.00, So 11.00–20.00 Uhr, Preis Brötchen 2,80 €, Bus 6, 11 Vecchietti

(28) Mozzarella ist eine der wichtigsten Zutaten der italienischen Küche. Denke nur an den Caprese-Salat oder die Pizza. Deswegen darfst du **Obicà** nicht links liegen lassen, wenn du italienisches Essen magst. Genieße die köstlichen

Weichkäsesorten an der Mozzarella-Bar und die elegante Atmosphäre des alten Palazzo Tornabuoni, in dem sich Obicà befindet.

Via de' Tornabuoni 16, www.obica.com, Tel. 0552773526, Mo–Fr 12.00–16.00 & 18.30–23.00, Sa–So 12.00–23.00 Uhr, Preis Mozzarella-Bar ab 6,50 €, Bus C2 Piazza Repubblica

(33) **I Latini** ist für seine *Bistecca Fiorentina* bekannt. Wenn du Fleisch magst, ist dieses traditionelle Restaurant sehr zu empfehlen. Für ein komplettes toskanisches Gericht bestellst du dir Röstkartoffeln, weiße Bohnen oder Spinat dazu. Wähle in jedem Fall eine der Antipasti-Platten. Beim Eingang des Restaurants kannst du auch eine Weintür entdecken.

Via dei Palchetti 6r, www.illatini.com, Tel. 055210916, Di–Fr 19.00–22.30, Sa–So 12.30–14.00 & 19.00–22.30 Uhr, Preis Flasche Hauswein 10 €, Bistecca Fiorentina 50 €/Kilo, Bus 6, 11 Vigna Nuova

(36) Bei **Mangiafoco Osteria Tartuferia** kannst du dich von Francesco und Elisa bei einem gastronomischen Abenteuer mit typisch italienischen Produkten wie

4

31

4

Trüffeln, *Burrata* und frischer Pasta verwöhnen lassen. Hier bekommst du Kaffee, Mittag- & Abendessen oder einfach nur ein Glas Wein. Oder du lässt dich von diesen beiden sympathischen Florentinern zu einer Weinprobe überreden.
Borgo Santi Apostoli 26r, www.mangiafoco.com, Tel. 0552658170, tgl. 12.00–0.00 Uhr, Preis Weinprobe ab 17 €, Bus C2 Porta Rossa

(38) **Amblé** hat als Symbol den Flamingo, weil dieser seine Farbe von den Garnelen auf seinem Speiseplan erhält. Und das möchten die Inhaber dieser Sandwich-Bar sagen: Du bist, was du isst. Die Bar ist mit schönen Vintage-Möbeln und -Objekten eingerichtet, die alle zum Verkauf stehen. Wir empfehlen einen Spritz Amblé als Aperitif, aber du solltest dir auch ein leckeres Sandwich bestellen.
Piazzetta dei Del Bene 7a, www.amble.it, Tel. 055268528, Mo–Sa 11.00–0.00, So 16.00–0.00 Uhr, Preis Sandwich 5,50 €, Bus D, C3 Ponte Vecchio

SHOPPEN

(4) Bei **Société Anonyme** gibt es angesagte Streetwear. Der Inhaber Massimiliano Giannelli ist selbst Modedesigner und verkauft nicht nur seine bevorzugten französischen und japanischen Modemarken, sondern auch sein eigenes Label. Hier findest du Sneaker, Taschen und Accessoires für Damen und Herren.
Via Giovan Battista Niccolini 3f, www.societeanonyme.it, Tel. 0553860084, Mo 14.30–19.30, Di–Sa 10.00–14.00 & 15.30–19.30 Uhr, Bus 6, 14, 23 Niccolini

(15) **Florence Factory** ist ein Concept Store, in dem es ausschließlich Produkte von Designern aus der Toskana zu kaufen gibt. Ziel dieses Ladens ist es, die Handwerkskunst zu fördern, damit besondere Techniken nicht verloren gehen. Hier findest du wunderschöne Ledertaschen, ausgefallene Hüte und Holzgegenstände für zu Hause. Auch das moderne Porzellan der niederländischen Designerin Jacqueline Haberink, die schon seit Jahren in Italien lebt, findest du hier.
Via de Neri 6-8r, www.florencefactory.it, Tel. 0552052952, Mo 13.30–19.30 & Di–So 10.30–19.30 Uhr, Bus 23, C1, C2 Benchi

(23) Der Kopf hinter **Gerard** ist der Designer Paolo Pecchioli, der schon 1969 einen der coolsten Läden von Florenz eröffnete. Hier findest du die neuesten Trends in

Sachen Vintage und Streetwear mit Marken wie Marc Jacobs, Stone Island, Adidas Limited und Gerards eigenem Label, das am Krähenlogo zu erkennen ist. Der Laden selbst wirkt wie ein Wohnzimmer mit Pflanzen, Sofas und Büchern.
Via Sassetti 16r, www.gerardfirenze.com, Tel. 055217448, Mo–Fr 10.00–19.00, Sa 10.00–19.30, So 15.30–19.00 Uhr, Bus C2 Piazza della Repubblica

(25) Mit den trendigen Sneakern von **Flow Run** an den Füßen wird jedes Outfit perfekt. In diesem coolen Sneakershop siehst du Hunderte von Sneakern. Hier werden Damen- und Herrenmodelle der bekannten Marken, aber auch von original italienischen Labels wie D.A.T.E, Casbia und Alberto Guardinani verkauft.
Piazza Strozzi 16r, fb flowrunfirenze, Tel. 0552382501, Mo & So 12.00–19.30, Di–Fr 10.30–19.30 Uhr, Bus C2 Piazza della Repubblica

(31) Im Concept Store **MIO** findest du originelle Geschenke von italienischen Künstlern und Designern. Hier bekommst du einen eleganten Hut, eine Ledertasche mit schickem Design oder handgefertigte Espressotassen aus Keramik. Aber auch Souvenirs der Florentiner Straßenkünstler Clet und BLUB.
Via della Spada 34r, www.mio-concept.com, Tel. 0552645543, Mo–Sa 10.00–13.30 & 14.30–19.30, So 11.00–13.30 & 14.40–18.00 Uhr, Bus 6, 11 Piazza degli Ottaviani

(37) Die besten Mode- und Vintage-Schätze findest du in der **Boutique Nadine**. In den Vitrinen liegt auch zeitgenössischer Schmuck aus Gold und Silber, zum Beispiel dünne Ketten mit Sternen und kleinen Anhängern. Die Inhaber Irene und Matteo verkaufen drei eigene Label: die Damenmarke Odette, die von Irene entworfen wird, und die zwei von Matteo entworfenen Herrenlabel Vigliano und Third Floor.
Lungarno degli Acciaiuoli 22r, www.boutiquenadine.it, Tel. 055287851, Mo–Sa 10.00–19.30, So 12.00–19.00 Uhr, Bus C3, C4 Ponte Vecchio

FREIZEITTIPPS

(6) Die geselligen Marktszenen vom **Mercato di Sant'Ambrogio** gehen schon früh los. Wenn du das erleben möchtest, ist Ausschlafen also keine Option. Hier verkaufen die Marktschreier Gemüse, Obst, Gewürze und köstlichen Büffel-

For sneakerheads!

mozzarella, aber es gibt auch Schmuck, Kleidung und Porzellan. Gleich gegenüber, in einer neuen Markthalle, findet der **Mercato delle Pulci**, der Flohmarkt, statt.

Piazza Ghiberti/Largo Pietro Annigoni, www.mercatosantambrogio.it, Mo–Sa 7.00–14.00 Uhr, Bus C2, C3 Agnolo

⑧ Im **Teatro del Sale** kannst du gut essen und großartige Aufführungen sehen. Die Köche in der offenen Küche zaubern die leckersten Gerichte. Wenn du einen Schrei hörst, weißt du, dass ein weiterer Gang fertig ist. Gehe mit deinem Teller zum Fenster, und der Koch tut dir etwas auf. Stell dich auf einen gastronomischen Abend ein, bei dem du viel probieren wirst. Wenn alle satt sind, werden die Tische zur Seite gerückt, und die Aufführung beginnt. Hier kann man auch frühstücken und zu Mittag essen, aber ein Abendessen mit einer Show ist ein *Must-do,* wenn du in Florenz bist.

Via de' Macci, 111r, www.teatrodelsale.com, Tel. 0552001492, Di–Sa 9.00–22.30, So 9.00–15.00 Uhr, Preis Abendessen & Show (inkl. Getränke) 30 €, einmalige Pflichtmitgliedschaft 5 €, Bus C2, C3 Annigoni

(9) **Le Murate** befindet sich in einem ehemaligen Gefängnis. Es wurde in eine schöne Literaturbar verwandelt, in der du frühstücken oder zu Mittag essen kannst. Aber du brauchst hier auch einfach nur ein Buch zu lesen oder dich auf dem alten Gefängnishof auszuruhen. Hier finden internationale Veranstaltungen statt, zum Beispiel Foto- und Kunstausstellungen und alternative Film- und Tanzvorführungen. Sehr zu empfehlen ist das Büfett, das zum Aperitif serviert wird.

Piazza delle Murate, fb lemurate.caffeletterario.firenze, Tel. 0559360738, Mo–Fr 9.00–1.00, Sa & So 11.00–1.00 Uhr, Preis Aperitif 8 €, Bus C2 Malborghetto

(24) **Cinema Odeon** ist ein Kino in einem alten Jugendstiltheater, das insbesondere bei Studenten beliebt ist. Montags, dienstags und donnerstags werden hier englischsprachige Filme im Original, also ohne italienische Synchronisation, gezeigt.

Piazza degli Strozzi 2r, www.odeonfirenze.com, Tel. 055295051, Zeiten auf der Website, Preis Kinokarte 8 €, Bus C2 Piazza della Repubblica

(29) Von 1630 bis 1633 wütete die Pest in Florenz. Um trotzdem Geschäfte machen zu können, wurden winzig kleine Türen in die Wände eingebaut. Sie sind so klein, dass genau ein Glas oder eine Flasche Wein hindurchpasst. Man konnte also etwas durch die Wand hindurch austauschen, ohne das Gegenüber zu sehen, was die Ansteckungsgefahr verringerte. In Florenz gibt es noch viele solcher Türen. Sie werden **Buchette del vino** (wörtlich: Weinlöcher) genannt. Wenn du aufmerksam durch Florenz läufst, wirst du die Türen überall entdecken. Während der Corona-Krise wurden einige der Türen wieder als Abholstellen genutzt.

U. a. in der Via del Trebbio 1r (neben dem Restaurant Buca Lapi), www.buchettedelvino.org, Bus 6, 11 Vecchietti

(30) In der **Casa Abitata** kannst du Ausstellungen besuchen und Kunstgegenstände für dein Zuhause erwerben. Hier findest du Dinge wie Obstschalen, Kerzenständer, Lampen und Kissen. Außerdem wird moderner Schmuck aus Materialien wie Kunststoff, Gummi und Holz verkauft. Manchmal kann man zusehen, wie an einem der Projekte gearbeitet wird. Die Künstler erzählen gerne etwas über ihre Arbeit.

Via del Trebbio 14r, www.casaabitata.it, Tel. 3397668958, Mo–Sa 17.00–20.00 Uhr, Bus 6, 11 Vecchietti

ROUTE 3

SANTO SPIRITO, SAN NICCOLÒ & PIAZZALE MICHELANGELO

INFOS ZUR ROUTE

Perfekt für einen Bummeltag, denn hier läuft alles etwas langsamer als im Rest der Stadt. Hier findest du vor allem Lokale mit leckerem Essen und originelle Adressen. Man kann die Route auch in umgekehrter Richtung gehen, aber ein Sonnenuntergang am Piazzale Michelangelo ist schon ein besonderer Abschluss.

DIE VIERTEL

Das südliche Ufer des Arno wird auch Oltrarno („auf der anderen Seite des Arno") genannt. Dieser ursprünglichste Teil der Stadt ist das Zentrum des florentinischen Gewerbes. Im Wirrwarr der Straßen triffst du überall noch auf Werkstätten, und in der Via Maggio wimmelt es von Antiquitätenläden. Keinesfalls darfst du die Museen des **Palazzo Pitti** und den hügeligen **Giardino di Boboli** verpassen.

Santo Spirito ist eines der wenigen Viertel im Zentrum von Florenz, das noch weitestgehend von Florentinern bewohnt wird. Das kann man zum Beispiel am Angebot der Restaurants merken. Die meisten richten sich an Locals, und das bedeutet: köstliches und authentisches italienisches Essen! Die Via Toscanella, Via del Campuccio und die Via Romana sind voller Ateliers, Werkstätten und sogenannter *Negolabs*, einem Kofferwort aus *Negozio* (Laden) und *Laboratorio* (Werkstatt). Auf der immer belebten **Piazza Santo Spirito** kann man gut essen, und sonntags findet dort oft ein Bio- oder Secondhand-Markt statt. Auch auf der **Piazza della Passera** in der Nähe des Palazzo Pitti ist es abends sehr gesellig.

In **San Niccolò**, dem Wohnviertel unter dem Piazzale Michelangelo, scheint die Zeit langsamer zu vergehen. Hier findest du einige der beliebtesten Restaurants und Ausgehmöglichkeiten der Stadt. Am „Stadtstrand" des Arno, gegenüber der Torre di San Niccolò, kannst du im Sommer die Liegestühle, Sonnenschirme und Duschen benutzen.

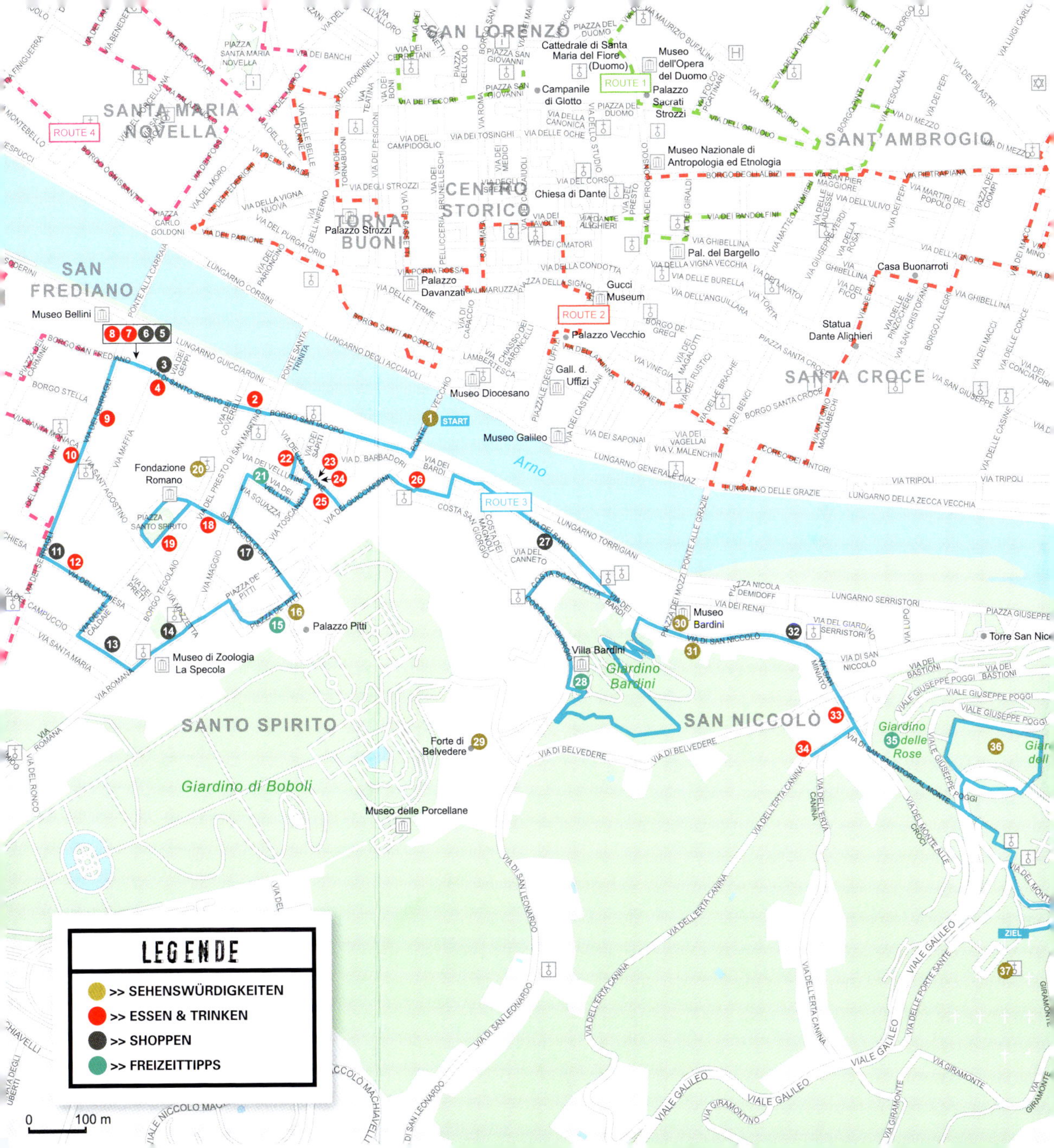
SAN LORENZO
SANTA MARIA NOVELLA
CENTRO STORICO
TORNABUONI
SANT'AMBROGIO
SAN FREDIANO
SANTA CROCE
SANTO SPIRITO
SAN NICCOLÒ
ROUTE 1
ROUTE 2
ROUTE 3
ROUTE 4
START
ZIEL
Arno
Cattedrale di Santa Maria del Fiore (Duomo)
Museo dell'Opera del Duomo
Campanile di Giotto
Palazzo Sacrati Strozzi
Museo Nazionale di Antropologia ed Etnologia
Chiesa di Dante
Palazzo Strozzi
Pal. del Bargello
Casa Buonarroti
Palazzo Davanzati
Gucci Museum
Palazzo Vecchio
Statua Dante Alighieri
Museo Bellini
Gall. d. Uffizi
Museo Diocesano
Museo Galileo
Fondazione Romano
Palazzo Pitti
Museo di Zoologia La Specola
Villa Bardini
Giardino Bardini
Museo Bardini
Torre San Nic
Giardino delle Rose
Forte di Belvedere
Giardino di Boboli
Museo delle Porcellane
LEGENDE
>> SEHENSWÜRDIGKEITEN
>> ESSEN & TRINKEN
>> SHOPPEN
>> FREIZEITTIPPS
0
100 m

SANTO SPIRITO, SAN NICCOLÒ & PIAZZALE MICHELANGELO

Florentiner sind echte Flaneure. Der perfekte Ort zum Flanieren ist der **Piazzale Michelangelo**, wo insbesondere am Wochenende einiges los ist. Von diesem Platz aus kannst du die ganze Stadt überblicken, und in der Umgebung finden sich ausgedehnte Parks und wunderschöne Villen. Das ist die grüne und ruhige Seite von Florenz. Ein Spaziergang durch die engen Gassen, die sich langsam zur Stadt hinunterschlängeln, wie die romantische Via San Leonardo, ist ein einmaliges Erlebnis, das du dir nicht entgehen lassen solltest.

WENIG ZEIT? DAS SIND DIE HIGHLIGHTS:

PONTE VECCHIO + CLET + BASILICA DI SANTO SPIRITO + GIARDINO DI BOBOLI + PIAZZALE MICHELANGELO

TIPPS

// Toll, um die Stadt weiter zu erkunden // Nicht zum Radfahren geeignet, ist ziemlich steil // Die Geschäfte öffnen oft erst nach 10.00 Uhr

1. Ponte Vecchio
2. Olio & Convivium
3. Quelle Tre
4. Babae
5. Angela Caputi
6. Calzature da Francesco da Firenze
7. Il Santino
8. Il Santo Bevitore
9. Cuculia
10. S. Forno
11. Quoio
12. Mama's Bakery
13. Campucc10
14. LucillaVecc
15. Giardino di Boboli
16. Palazzo Pitti / Galleria Palatina
17. Giulia Materia
18. Trattoria La Casalinga
19. Tamerò
20. Basilica di Santo Spirito
21. In Tavola
22. Lo Sprone Vinaino
23. Gelateria della Passera
24. Bulli & Ballene
25. Ditta Artigianale Sprone
26. Le Volpi e l'Uva
27. Il Torchio
28. Villa Bardini / Giardino Bardini
29. Forte di Belvedere
30. Museo Stefano Bardini
31. Museo di Allessandro Dari
32. Clet
33. Fuori Porta
34. La Beppa Fioraia
35. Giardino delle Rose
36. Piazzale Michelangelo / Giardino dell'Iris
37. Basilica di San Miniato al Monte

BESCHREIBUNG ROUTE 3 (ca. 6,2 km)

Los geht es auf dem Ponte Vecchio 1. Gehe über die Brücke nach Oltrarno und biege vor der bronzenen Bacchus-Statue rechts in den Borgo San Jacobo ein. Geh geradeaus und auf die Via di Santo Spirito; dort findest du regionaltypische Läden, eine Weintür und leckeres Essen 2 3 4 5 6 7 8. Für eine Stärkung, Brot und Lederwaren biegst du in die Via de Serragli ab 9 10 11. Gehe wieder links in die Via della Chiesa, um Bagel zu kaufen 12. Dann gehst du die Straße weiter und danach rechts in die Via delle Caldaie. Jetzt links auf die Via del Campuccio 13. Am Ende der Straße biegst du, um Bilder und Zeichnungen zu sehen, links in die Via Romana ab 14. Weiter geht es in Richtung Palazzo Pitti und Boboli-Gärten 15 16. Gehe durch die Gasse Sdrucciollo de' Pitti, um ein handgefertigtes Souvenir von Giulia zu erstehen 17. Überquere die Straße und gehe geradeaus für eine traditionelle Mahlzeit in der Via dei Michelozzi 18 Oder drehe eine Runde über die Piazza Santo Spirito für leckeres Essen und Trinken und eine Kirche 19 20. Gehe zurück auf der Via dei Michelozzi und biege links auf die Via Maggio ab. Nimm rechts die Via de Velluti, wo Kochkurse angeboten werden 21. Am Ende der Gasse biegst du links in die Via Toscanella ein. Auf dem kleinen Platz bekommst du etwas zu essen und ein Eis 22 23. Biege in die Via dello Sprone ab für einen *Spritz* mit Snacks oder um einen Kaffee zu trinken 24 25. Am Ende der Straße gehst du nach links auf die Einkaufsstraße Via de Giucciardini. Bei der Säule und der Kirche auf der Piazza Santa Felicita kannst du hinter dem Tor eine Weinprobe machen 26. Gehe die Via Stracciatella weiter und nimm die Costo del Pozzo in Richtung Wasser. Wende dich auf der Via de' Bardi nach rechts, um zu einem Buchbinder 27 zu gelangen, und gehe dann weiter bis zur Kreuzung. Scharf rechts auf die Costa Scarpuccia und dann die Via San Gregorio links steil nach oben; tolle Aussichten im Giardino Bardini und Fort Belvedere 28 29. Gehe einmal komplett durch den Giardino Bardini und nimm den unteren Ausgang. Wenn du nicht zu den Aussichtspunkten möchtest, gehst du auf der Via San Niccoló einfach weiter geradeaus und findest ein Museum, verrückten Schmuck und Street-Art 30 31 32. Biege rechts in die Via San Miniato ein. Hinter dem Stadttor kannst du einen leckeren Wein trinken und dich zum Essen in den Garten setzen 33 34. Gehe nach oben über die Via del Monte alle Croci und nimm dann die Treppe in den Rosengarten 35 und zum Piazzale Michelangelo – fantastische Aussicht 36. Mit einem noch besseren Ausblick wirst du belohnt, wenn du den Fußweg zur Kirche nimmst 37.

SEHENSWÜRDIGKEITEN

① Der **Ponte Vecchio** wurde im Mittelalter über der schmalsten Stelle des Arno errichtet, um die Handelsviertel der Stadt miteinander zu verbinden. Im 15. Jahrhundert gab es auf der Brücke viele Schlachter. Sie warfen ihre Abfälle einfach in den Fluss, was zu unerträglichem Gestank führte. Im 16. Jahrhundert mussten die Schlachter ihren Platz an die Goldschmiede abtreten. Ein Großteil ihrer „hängenden" Werkstätten sind erhalten geblieben und verleihen der Brücke ihren besonderen Charakter. In den kleinen Läden werden immer noch Gold und Schmuck verkauft. Mitten auf der Brücke steht die Büste von Benvenuto Cellini, einem berühmten Goldschmied und Bildhauer.
Ponte Vecchio, Bus C3, C4 Borgo San Iacopo

⑯ Der imposante **Palazzo Pitti** ist ein Renaissance-Palast, der im Auftrag von Luca Pitti errichtet wurde. Dieser „Palast" hatte viele berühmte Bewohner, zum Beispiel die Familie der Medici und von Habsburg-Lothringen und die königliche Familie von Savoyen. In dem Gebäude befinden sich heute mehrere Museen, darunter ein Museum für moderne Kunst und ein Kostümmuseum. Ein Besuch der **Galleria Palatina** und der königlichen Gemächer lohnt sich am meisten. In den Sälen, die mit Gold, Fresken und rotseidener Tapete geschmückt sind, hängen Gemälde wie Tizians *Il Concerto*. Im antiken Ballsaal „La Sala Bianca" erwecken elf prächtige Kronleuchter die reiche Geschichte wieder zum Leben.
Piazza dei Pitti 1, www.uffizi.it/palazzo-pitti, Tel. 055294883, Di–So 8.15–18.50 Uhr, Eintritt März–Okt. 16 €, Nov.–Feb. 10 € (einschließlich aller Museen im Palazzo), Bus D Pitti

⑳ Auf deinem Rundgang wirst du des Öfteren die **Basilica di Santo Spirito** sehen können – das Symbol des florentinischen Südufers. Die Basilika ist das letzte Meisterwerk von Filippo Brunelleschi, der etwa zwei Jahre nach Baubeginn starb. Auch Michelangelo hinterließ hier eines seiner Kunstwerke: ein Holzkreuz mit Jesus, das er um 1493 als Dank für die Möglichkeit anfertigte, die Anatomie der Leichen des nahe gelegenen Klosterkrankenhauses zu studieren.
Piazza Santo Spirito 30, www.basilicasantospirito.it, Tel. 055210030, Mo–Di & Do–Sa 10.00–13.00 & 15.00–18.00, So 11.30–13.30 & 15.00–18.00 Uhr, Eintritt Kirche frei, Kapelle 2 €, Bus C4 Guicciardini Santa Trinita

ANA ALAN
FORTRESS

(37)

(29) Wer von der Stadt aus nach oben schaut, kann das **Forte di Belvedere** auf dem Hügel sehen. Es wurde zwischen 1590 und 1595 vom Architekten Buontalenti erbaut. In der ersten Etage des Forts gibt es eine schattige Terrasse und eine Bar, von der aus man eine wunderschöne Aussicht hat. In und um die Festung finden häufig Kunstausstellungen statt. Interessanter Fakt: Hier haben 2014 Kim Kardashian und Kanye West geheiratet.
Via di San Leonardo 1, musefirenze.it/blog/fortebelvedere, Tel. 0552768224, Di–So 11.00–20.00 Uhr, Eintritt 3 €, Bus C1, C3, C4 Santa Maria Soprarno

(30) Das **Museo Stefano Bardini** ist nach dem Antiquitätenhändler aus dem 19. Jahrhundert benannt, der es gründete, bevor er der Stadt seine wertvolle Kunstsammlung vermachte. Ein Besuch lohnt sich schon allein wegen der schönen Präsentation der Sammlung von Werken unter anderem Donatellos. Die kobaltblaue Wand mit den wunderschön gestalteten (leeren) goldenen Rahmen in der „Sala delle Cornici" sieht aus, als wäre sie einem Designmagazin entsprungen.
Via dei Renai 37, musefirenze.it/musei/museo-stefano-bardini, Tel. 0552342427, Mo, Fr–So 11.00–17.00 Uhr, Eintritt 7 €, Bus C1 Mozzi

(31) Das **Museo di Allesandro Dari** ist ein Museum, ein Atelier und gleichzeitig das Wohnhaus eines exzentrischen Goldschmieds. Seine bizarren Ringe werden in pyramidenförmigen Vitrinen ausgestellt. In seinen Schränken hat Dari Hunderte von Behältern mit Substanzen und Chemikalien gesammelt, die er bei der Goldschmiedearbeit verwendet.

Via di San Niccolò 115r, www.alessandrodari.com, Tel. 055244747, Mo–Sa 10.30–19.30, So 11.00–19.30 Uhr, Eintritt frei, Bus C1 Mozzi

(36) Vom **Piazzale Michelangelo** aus hast du einen wunderbaren Blick auf die Stadt. In der Ferne kannst du die Kuppel des Duomo und den Turm des Palazzo Vecchio sehen. Die grünen Kuppeln gehören zur Synagoge, und das „silberne Band" ist der Arno. Der Platz ist Michelangelo gewidmet, und in der Mitte steht eine Ode an diesen berühmten Künstler: eine Kopie seines berühmten *Davids* und der vier allegorischen Figuren, die den Tag, die Nacht, Morgenrot und Abenddämmerung darstellen. Direkt unterhalb des Platzes befindet sich der **Giardino dell'Iris**, ein Garten mit Hunderten von Irisarten, der während der Blütezeit geöffnet ist.

Piazzale Michelangelo (Irisgarten an der Ostseite), Tel. 05583112, Irisgarten 24. Apr.–20. Mai tgl. 10.00–12.30 & 15.00–19.00 Uhr, Eintritt frei, Bus 12, 13 Piazzale Michelangelo

(37) Die Fassade der wunderschönen **Basilica di San Miniato al Monte** ist mit weißem und grünem Marmor verziert und ein tolles Beispiel für romanisch-florentinische Architektur. Im Inneren fallen der schöne Altar und die darüberliegende Kuppel auf, die von Della Robbia mit glasierter Terracotta verziert wurde. Hinter dem Altar befindet sich die Cappella del Crocefisso, die 1448 von Michelozzo erbaut wurde. Die große Treppe des florentinischen Architekten Giuseppe Poggi an der Vorderseite führt dich wieder nach unten.

Via delle Porte Sante 34, www.sanminiatoalmonte.it, Tel. 552342731, Sommer Mo–Sa 9.30–13.00 & 15.00–19.30, So 8.15–19.30, Winter Mo–Sa 9.30–13.00 & 15.00–19.00, So 8.15–19.00 Uhr, Eintritt frei, Bus 12, 13 San Miniato al Monte

ESSEN & TRINKEN

(2) Wenn du **Olio & Convivium** betrittst, hast du den Eindruck, in einer „gastronomischen Werkstatt" gelandet zu sein. Vom Kochsaal aus, wo auch Kurse gegeben

werden, kannst du in die Küche gucken; im Weinsaal gibt es Hunderte von Weinen und im Olivenölsaal kannst du viele Sorten des „flüssigen Goldes" probieren.

Via Santo Spirito 4, www.oliorestaurant.it, Tel. 0552658198, Restaurant Di–So 10.00–14.30 & 17.30–22.30, Abholung Di–So 10.00–15.00 & 17.30–23.00 Uhr, Preis Mittagessen 18 €, Bus 11, C3, C4 Frescobaldi

④ Das Restaurant **Babae** erlangte internationale Bekanntheit, weil es das erste war, das in Florenz in seiner Fassade eine Weintür als Abholmöglichkeit öffnete. Hier bekommst du einen gesunden Brunch, ein Mittagessen oder einen Cocktail mit Snacks. Im Lokal hängen viele Pflanzen, und es ist insbesondere bei Studenten beliebt. Probiere den Brunch aus Avocadotoast, Joghurt, Salat, Eiern, Toast mit Räucherlachs und einem Stück frisch gebackenem Kuchen.

Via Santo Spirito 21r, www.babaefirenze.it, Tel. 0556144429, Mo–Fr 12.00–18.00, Sa&So 10.00–18.00 Uhr, Preis Brunchgericht 17 €, Bus C3, C4, 11 Piazza Sauro

⑦ **Il Santino** ist der kleine Bruder des beliebten Il Santo Bevitore, das gleich um die Ecke liegt. In dieser stimmungsvollen *Enoteca* bekommst du kleine Snacks zu einem guten Glas Wein. Außerdem stehen leckere Käse- und Wurstplatten auf der Karte.

Via Santa Spirito 60r, www.ilsantobevitore.com, Tel. 0552302820, tgl. 12.30–23.00 Uhr, Preis Käseplatte 10 €, Glas Wein 6,50 €, Bus 11, C3, C4 Piazza Sauro

⑧ Von gut durchdachten italienischen Gerichten über Käseplatten bis hin zu köstlichem eingelegtem Gemüse – in der modernen *Trattoria* **Il Santo Bevitore** ist für jeden etwas dabei. Versuche, für ein romantisches Abendessen einen Tisch in einem der kleinen Säle zu reservieren.

Via Santo Spirito 64r, www.ilsantobevitore.com, Tel. 055211264, Mo–Sa 12.30–14.30 & 19.30–23.30, So 19.30–23.30 Uhr, Preis 30 €, Bus 11, C3, C4 Piazza Sauro

⑨ Für fantasievolle Gerichte bist du bei **Cuculia** genau richtig. Der Chefkoch Olivier verwendet biologische Zutaten mit einem ordentlichen Schuss Kreativität. Er richtet die Teller als wahre Kunstwerke her, die anschließend von seiner Frau Roberta serviert werden. Sonntags kannst du hier ausgiebig brunchen.

Via dei Serragli 3r, www.cuculia.it, Tel. 0552776205, Di–Sa 17.00–0.00, So 12.00–0.00 Uhr, Preis 14 €, Bus 11, C3, C4 Piazza Sauro

10

25

25

19

Late night dinner

(10) **S.Forno** befindet sich in einer hundert Jahre alten Bäckerei. Hier verwöhnt dich Martina mit köstlichem italienischem Brot, oder du suchst dir etwas von den biologischen Produkten aus, die hier verkauft werden. Morgens bekommst du hier ein Frühstück mit einer (kostenlosen) Tasse Kaffee. Lass dir direkt ein Brötchen belegen für ein Picknick in der Stadt.
Via Santa Monaca 3r, www.ilsantobevitore.com, Tel. 0552398580, tgl. 7.30–18.30 Uhr, Preis Stück Quiche 2,50 €, Bus C3, C4 Sant'Agostino, Bus 11 Serragli Santa Monaca

(12) **Mama's Bakery** hat viel Zulauf von Studenten. Hier bekommst du drinnen und draußen süße und herzhafte amerikanische Spezialitäten wie Bagel, Clubsandwiches und *Pumpkin Pies*. Hier trinkt man keinen Espresso oder Cappuccino, sondern einen *Caffè Americano*, einen großen Becher Filterkaffee.
Via della Chiesa 34r, www.mamasbakery.it, Tel. 055219214, Mo–Fr 8.00–17.00, Sa 9.00–15.00 Uhr, Preis Bagel 3 €, Bus 11 Serragli Campuccio

(18) **Trattoria La Casalinga** versteckt sich hinter weißen Gardinen, aber wenn man dahinter schaut, sieht man ein gut gefülltes und sehr gemütliches Restaurant. Der Name dieser *Trattoria* bedeutet „die Hausfrau". Hier kannst du traditionelle toskanische Gerichte wie *Pappardelle al Cinghiale* (Bandnudeln mit Wildschwein) oder das bekannte Fleischgericht *Bistecca alla Fiorentina* probieren. Die Gerichte sind gut und ohne Schnickschnack.
Via dei Michelozzi 9r, www.trattorialacasalinga.it, Tel. 055218624, Mo–Sa 12.00–14.30 & 19.00–22.00 Uhr, Preis Pasta 10 €, Bus C3, D, Pitti/Sant'Agostino

(19) Bis vor Kurzem wurden hier noch Autos repariert, heute wird bei **Tamerò** jeden Tag frische Pasta für Mittag- und Abendessen hergestellt. Das kann man sofort an den verschiedenen Nudelhölzern und Nudelwerkzeugen erkennen, die dekorativ in den Fenstern am Eingang hängen. Hier solltest du außer Pasta auch eines der italienischen Hauptgerichte probieren; jedes mit einer eigenen internationalen Note.
Piazza Santo Spirito 11r, fb tameroristorantepastabar, Tel. 055282596, tgl. 12.00–15.00 & 19.00–2.00 Uhr, Preis 20 €, Bus D Santo Spirito

(22) In einer gelb gestrichenen Gasse findest du **Lo Sprone Vinaino**. Hier bekommst du schlichte Pasta oder einen Teller mit gegrilltem Gemüse und dazu ein Glas Hauswein, der aus großen Fässern gezapft wird (*Vino Sfuso*). Hier kannst du

bis spät in die Nacht sitzen und die Geselligkeit dieser Gasse genießen, in die viele Locals kommen. Auch für den Start in den Abend eignet sich das Lokal.
Via dello Sprone 17r, Tel. 055219508, tgl. 12.00–14.30 & 19.00–0.00 Uhr, Preis Pasta oder Käseplatte 7 €, Bus C3, C4, 11 Frescobaldi

(23) Die **Gelateria della Passera** bietet hausgemachtes Eis, jeden Morgen frisch zubereitet. Deswegen öffnet der Laden auch erst mittags. Spezialität des Hauses ist die Geschmacksrichtung *Seven Spices*, deren Rezeptur geheim gehalten wird. Man meint, Zimt herauszuschmecken, aber es ist auch leicht würzig.
Via Toscanella 15r, gelateriadellapassera.it, Tel. 055291882, Di–Fr 12.00–20.30, Sa–So 12.00–23.00 Uhr, Preis 2 Kugeln Eis 2,20 €, Bus C3 Pitti

(24) **Bulli & Ballene** findest du an der schönen Piazza della Passera. Hippe Florentiner gönnen sich hier einen guten Aperitif mit Häppchen. Du hast die Wahl aus kleinen belegten Brötchen, Mini-Sandwiches und reichhaltig belegten Toasts. Diese Snacks werden *Cicchetti* genannt und kommen ursprünglich aus Venedig.
Via dello Sprone 14r, fb bulliebalene, Tel. 0552052252, tgl. 12.00–0.00 Uhr, Preis Snack ab 1,50 €, Bus C3, C4 Borgo San Iacopo

(25) Die Spezialität von **Ditta Artigianale Sprone** ist Filterkaffee V60 aus eigener Mischung, wobei der Barkeeper einen Filter auf deine Tasse stellt und der Kaffee so frisch für dich aufgebrüht wird. Auf der Karte stehe Mittags- und Brunchgerichte wie *Crostonis* und Salate. Oder du kommst abends für ein hippes Abendessen zurück. Der Filterkaffee wird auch so verkauft.
Via dello Sprone 5r, dittaartigianale.it, Tel. 0550457163, Mo–Do 8.00–23.00, Fr 8.00–23.59, Sa 9.00–23.59, So 9.00–23.00 Uhr, Preis Filterkaffee V60 3,50 €, Bus C3 Pitti

(26) Eine Weinprobe machst du bei **Le Volpi e l'Uva** auf einem kleinen Platz direkt hinter dem Ponte Vecchio. Die Inhaber Emilio, Riccardo und Ciro besuchen alle Weingüter selbst und kaufen bei regionalen Winzern ein, wobei sie immer auch die Geschichte hinter dem Wein interessiert. Hier wird eine Mini-Weinprobe angeboten, bei der du drei halbe Gläser mit interessanter Erläuterung bekommst.
Piazza dei Rossi 1r, www.levolpieluva.com, Tel. 0552398132, Mo–Sa 11.00–21.00 Uhr, Infos zu Weinproben auf der Website, Preis Mini-Weinprobe 10 €, große Weinprobe mit Snacks 25 €, Bus C3, C4 Borgo San Iacopo

(33) In der *Enoteca* **Fuori Porta** kannst du bei einem guten Glas Wein die einfachen toskanischen Gerichte von der Karte genießen. Bestelle leckere *Crostone* (geröstetes toskanisches Brot mit warmem oder kaltem Belag) oder Pasta. Auch die Käseplatten sind einen Versuch wert. Von den Tischen draußen hat man einen schönen Blick auf das alte Stadttor.

Via del Monte alle Croci 10r, www.fuoriporta.it, Tel. 0552342483, tgl. 12.30–0.30 Uhr, Preis Mittagsgericht 20 €, Bus 23, C4 Serristori Piazza Poggi

(34) Im Restaurant **La Beppa Fioraia** kannst du unter anderem in einem alten, bunten Gewächshaus Platz nehmen. Die Speisekarte ist vielfältig, du solltest aber unbedingt die berühmten *Tagliere* probieren: verschiedene Tapas-ähnliche Snacks, die auf einem großen Holzbrett serviert werden. Die Tische im Garten eignen sich besonders für Familien mit Kindern.

Via dell'Erta Canina 6r, www.beppafioraia.it, Tel. 0552347681, tgl. 12.30–14.30 & 19.30–23.00 Uhr, Preis Tagliere 9,50 €, Bus C4, 23 Serristori Terrazza Marasco

13

13

11
QUOIO
BY
ROUGH FLORENCE

13

SHOPPEN

③ Bei **Quelle Tre** findest du zeitlose und elegante Kleidung, Taschen, Slipper, Schmuck und sogar Puppen. Alles von den drei Schwestern Cecilia, Luciana und Cristiana selbst hergestellt. Eine tolle Adresse für Liebhaber von Retro-Stoffen und Vintage-Farben.

Via Santo Spirito 42r, www.quelletre.com, Tel. 055219374, Di–Sa 11.00–13.30 & 15.00–19.00 Uhr, Bus 11, C3, C4 Piazza Sauro

⑤ Den Schmuck von **Angela Caputi** tragen Filmstars und sogar die niederländische Königin Máxima. Für ihre ausgefallenen Kreationen verwendet sie große Kunststoffperlen in allen möglichen Farben. Weil der Schmuck so auffällig ist, kann man ihre Arbeiten auch als eine Art tragbare Kunst betrachten. Sie hat unter anderem schon in der *Met* in New York ausgestellt.

Via Santo Spirito 58r, www.angelacaputi.com, Tel. 055212972, tgl. 10.00–13.00 & 15.30–19.30 Uhr, Bus 11, C3, C4 Piazza Sauro

⑥ Bei **Calzature da Francesco da Firenze** findest du Familientradition und Handwerkskunst. Während die Mutter an der Kasse steht, fertigen Vater und Sohn in der Werkstatt im hinteren Teil des Ladens wunderschöne Sandalen an. Hier kannst du den gesamten Herstellungsprozess beobachten. Das Leder wird von Hand zugeschnitten und dann mit großen Nähmaschinen an die Sohlen genäht.

Via Santo Spirito 62r, www.francescodafirenze.shoes, Tel. 055212428, Mo–Sa 9.30–13.00 & 15.30–19.30 Uhr, Bus 11, C3, C4 Piazza Sauro

⑪ Bei **Quoio** gibt es coole Ledertaschen und -gürtel in schlichtem und einfachem Design zu kaufen. Das Leder wird so natürlich wie möglich verarbeitet und gefärbt. Der Inhaber und Designer Ciro stellt alles selbst her. Dass er ein Gespür für Trends hat, kann man sehen: Er war viele Jahre lang Stylist für eine bekannte italienische Modemarke.

Via dei Serragli 69r, www.quoio.it, Tel. 0552608391, Mo–Sa 9.30–13.00 & 15.00–19.00 Uhr, Bus 11 Serragli Campuccio

⑬ **Campucc10** ist die Wirkungsstätte von vier angesagten Künstlern aus der Stadt. Hier findest du alles, von dekorativen Skulpturen und handgefertigten

Lederportemonnaies bis hin zu Taschen mit grafischen Prints, Lampen und ausgefallenem Schmuck. Hinter dem Laden hat jeder Designer eine kleine Werkstatt.
Via del Campuccio 10r, www.campucc10.com, Tel. 0555121545, tgl. 9.30–13.00 & 15.00–19.00 Uhr, Bus 11 Serragli Campuccio/Piazza San Felice

(14) Die Illustratorin Lucilla Vecchiarino von **LucillaVecc** macht und verkauft in ihrem Laden farbenfrohe Bilder, Taschen und T-Shirts. Alles ist selbst be- oder gemalt, bestickt oder bedruckt. Ein Cocktailposter, mit Cocktailzutaten in dem ihr eigenen luftigen Stil, ist doch ein tolles Souvenir für deine Küche.
Via Romana 8-10r, insta lucillavecc, Tel. 0553288396301, Mo–Sa 10.30–13.00 & 15.00–19.00 Uhr, Bus 11 Piazza San Felice

(17) Farbenfrohe Baumwollkleider kauft man bei **Giulia Materia**. Bei Giulia steht die Nähmaschine direkt im Laden, und wenn du einen Moment Zeit hast, näht sie dir direkt die passende Tasche zum Kleid. Etuis, Bücher und Haarschmuck: alles aus Stoffen mit schönem Print.
Sdrucciolo de' Pitti 13r, www.giuliamateria.com, Tel. 0559753975, Mo–Sa 10.00–19.00, So 12.00–19.00 Uhr, Bus C2, D Pitti

(27) **Il Torchio** (die Presse) ist ein Geschäft, in dem Bücher noch auf traditionelle Weise gebunden und geklebt werden. Die Australierin Erin kam vor Jahren nach Florenz und hat hier gelernt. Du kannst dir von ihr (Foto-)Bücher nach Maß anfertigen oder ein eigenes Design umsetzen lassen. Wähle für den Einband aus verschiedenen Papiersorten, zum Beispiel mit der Florentiner Lilie, hochwertig marmoriertes Papier oder ein Muster mit kleinen Pinocchios.
Via dei Bardi 17r, www.legatoriailtorchio.com, Tel. 0552342862, Mo–Fr 10.00–13.30 & 14.30–19.00, Sa 10.00–13.00 Uhr, Bus C3 Bardi

(32) Hast du schon die verrückten Verkehrsschilder in der Stadt gesehen? Die, auf dem ein schwarzes Männlein den weißen Balken wegträgt (Einbahnstraße) oder das Schild, auf dem das Männlein wie gekreuzigt hängt (Sackgasse)? Dann war das deine erste **Clet**-Begegnung. Im Atelier dieses Künstlers kannst du die lustigsten Verkehrsschilder kaufen, aber auch seine Gemälde, T-Shirts und Karten.
Via dell'Olmo 8, Di–So 10.30–13.30 & 15.00–19.30, So 15.00–19.30 Uhr, Bus 23 Serristori, D Piazza Poggi

FREIZEITTIPPS

(15) Vom **Giardino di Boboli** direkt hinter dem Palazzo Pitti wird behauptet, dass es der schönste Garten der Toskana ist. Dieser wunderschöne, hügelige Park voller Statuen wurde im typisch italienischen Stil angelegt. An seinem höchsten Punkt kannst du das kleine Porzellanmuseum besuchen und vom Rosengarten aus den tollen Blick genießen. Über die stattliche Zypressenallee Viottolone gelangst du zum Teich von Isolotto, in dessen Mitte eine kleine Insel mit Zitronen- und Orangenbäumen liegt. Hier kannst du wunderbar zur Ruhe kommen.
Eingänge: Via Romana 140r, Piazza Pitti 1 & bei Fort Belvedere, www.uffizi.it/giardino-boboli, Tel. 0552388786, Öffnungszeiten auf der Website, Eintritt März–Okt. 10 €, Nov.–Feb. 6 € (mit Giardino Bardini & Porzellanmuseum), Bus C3 Guiccardini, D Pitti

(21) Du wolltest schon immer einmal richtig toskanisch kochen? Nutze die Chance bei **In Tavola**. Gemeinsam mit dem Chefkoch ziehst du los, um frische Zutaten auf dem Mercato Centrale in San Lorenzo zu kaufen. Zurück in der Küche

15

15

bereitest du unter seiner Anleitung die köstlichsten toskanischen Gerichte zu. Für Pasta-Fans gibt es einen Workshop Pasta-Herstellung.
Via dei Velluti 20r, www.intavola.org, Tel. 055217672, Zeiten und Programmangebot auf der Website, Preis ab 65 € (Workshop 3,5 Std.), Bus C3 Pitti

(28) In der schönen **Villa Bardini** gibt es zwei Museen, einen Raum für Wechselausstellungen und einen kleinen Ausstellungsraum für zeitgenössische Kunst. Im **Museo Pietro Annigoni** dreht sich alles um den Freskenmaler Annigoni (1910–1988). Im **Museo Fondazione Roberto Capucci** werden die originalen „Skulptur"-Kleider des Modeschöpfers Capucci ausgestellt. Spaziere auch durch den **Giardino Bardini**. Hier findest du unter anderem ein Café, ein Restaurant und eine Bar, in der du einen leckeren Aperitif mit Blick auf die Stadt genießen kannst.
Costo San Giorgio 2, www.bardinipeyron.it, Tel. 05520066233, Di–So 10.00–19.00 Uhr, Eintritt Ausstellungen Villa Bardini 10 €, Giardino Bardini 6 €, Bus C1 Mozzi

(35) 1865 entwarf der Architekt des Piazzale Michelangelo, Giuseppe Poggi, den **Giardino delle Rose**. In diesem Garten gibt es mehr als 350 verschiedene Rosenarten. Ein Teil wurde als japanischer Garten angelegt, ein Geschenk des Architekten Kitayama an die Stadt.
Viale Giuseppe Poggi 2, www.beniculturalionline.it/location-220_giardino-delle-rose.php, Öffnungszeiten auf der Website, Eintritt frei, Bus 12, 13 Piazzale Michelangelo

ROUTE 4

SANTA MARIA NOVELLA & SAN FREDIANO

INFOS ZUR ROUTE

Diese Route führt dich zur ältesten Apotheke der Stadt, zu guten regionalen und vegetarischen Restaurants und einer Reihe schöner Kirchen. Du kommst an vielen interessanten Künstlerwerkstätten vorbei, für die insbesondere das Viertel San Frediano bekannt ist. Außerdem kannst du den Privatgarten eines Marquis besuchen, **Il Giardino Torrigiani**. Wenn du vergessen hast, für diesen vollständig ummauerten Garten zu reservieren, kürzt du die Route ab durch die Via del Campuccio.

DIE VIERTEL

Santa Maria Novella ist nicht nur der Name eines Viertels, sondern auch einer Basilika und des Hauptbahnhofs von Florenz, Stazione Firenze Santa Maria Novella. Seit vielen Jahren gibt es Versuche, dem Verfall dieser Gegend Einhalt zu gebieten. Der Platz vor der Kirche wurde komplett umgestaltet, und es gibt jetzt einige schicke Hotels, in denen du dir auf der Dachterrasse einen Drink genehmigen kannst. Auch das Museum für moderne Kunst befindet sich hier. Es ist ein Viertel mit gemischtem Publikum und vielen kleinen (Lebensmittel-)Läden und Kirchen. Hinter dem Bahnhof fährt die Straßenbahn ab, die dich in die verschiedenen Teile der Stadt bringt. Auf dem letzten Teil des Borgo Ognissanti gibt es viele Autovermietungen. Einige Straßen am Fluss Arno sind komplett gesperrt. Dort liegt das bewachte Gelände des amerikanischen Konsulats. In der Umgebung des Konsulats gibt es zahlreiche Vier- und Fünfsternehotels.

Am anderen Ufer des Flusses liegt das Viertel **San Frediano**, ein Wohnviertel mit vielen Kunstateliers, Handwerksbetrieben und kleinen Restaurants. Hier gibt es vor allem kleine Hotels und Frühstückspensionen. Die Piazza delle Carmine mit der **Cappella Brancacci** und ihren schönen Fresken ist das Herz des Viertels. Am Borgo San Frediano liegen viele angesagte Restaurants, und hier kannst du abends gut etwas trinken gehen. Auch in der Via dell'Orto gibt es gute Einkehrmöglichkeiten. An der Westseite des Viertels steht das historische Stadttor **Porta San Frediano**, wo früher der Hauptweg nach Pisa begann. Die lange Via degli Serragli mit ihren unzähligen Ateliers und kleinen Geschäften trennt das Viertel vom benachbarten Santo Spirito. Direkt am Arno liegt ein großes Kulturzentrum mit einer Terrasse am Wasser, ein Stück weiter gibt es auch ein schönes Café-Restaurant in einem Stadtpark. Im Süden des Viertels befindet sich der vollständig ummauerte Garten eines Marquis, der **Giardino Torrigiani.**

WENIG ZEIT? DAS SIND DIE HIGHLIGHTS:

CAPPELLA BRANCACCI + OFFICINA PROFUMO E FARMACEUTICA DI SANTA MARIA NOVELLA + BASILICA DI SANTA MARIA NOVELLA + CHIESA DI SAN FREDIANO IN CESTELLO + GIARDINO TORRIGIANI

TIPPS

// Starte am Nachmittag
// Nimm diese Route nicht an Sonntagen, da sind viele Ziele geschlossen
// Reserviere Cappella Brancacci und Giardino Torrigiani

SANTA MARIA NOVELLA & SAN FREDIANO

1. Shake Café
2. Basilica di Santa Maria Novella
3. Banki Ramen
4. Museo Novecento
5. Dolceforte
6. Officina Profumo e Farmaceutica di Santa Maria Novella
7. Morioni
8. La Boîte
9. Todo Modo
10. La Chiesa di Ognissanti
11. Forno Becagli
12. Chiesa di San Frediano in Cestello
13. Essenziale
14. Jane Harman
15. Circolo Rondinella
16. Santarosa Bistrot
17. Porta di San Frediano
18. IO Personale
19. I' Trippaio di San Frediano
20. Berberè
21. FAF
22. Romanelli Sculture
23. l'Brindellone
24. Buonamici Pasticceria Artiginale
25. Ink-p Design Studio
26. La Sorbetteria
27. Alla Vecchia Bettola
28. Giardino Torrigiani
29. Nokike
30. L'Arte di Dory
31. Dimitri Villoresi
32. BLUB
33. Cappella Brancacci
34. Napoleone
35. L'OV
36. Twisted Jazz Shop
37. La Cité Libreria Café
38. Momoyama

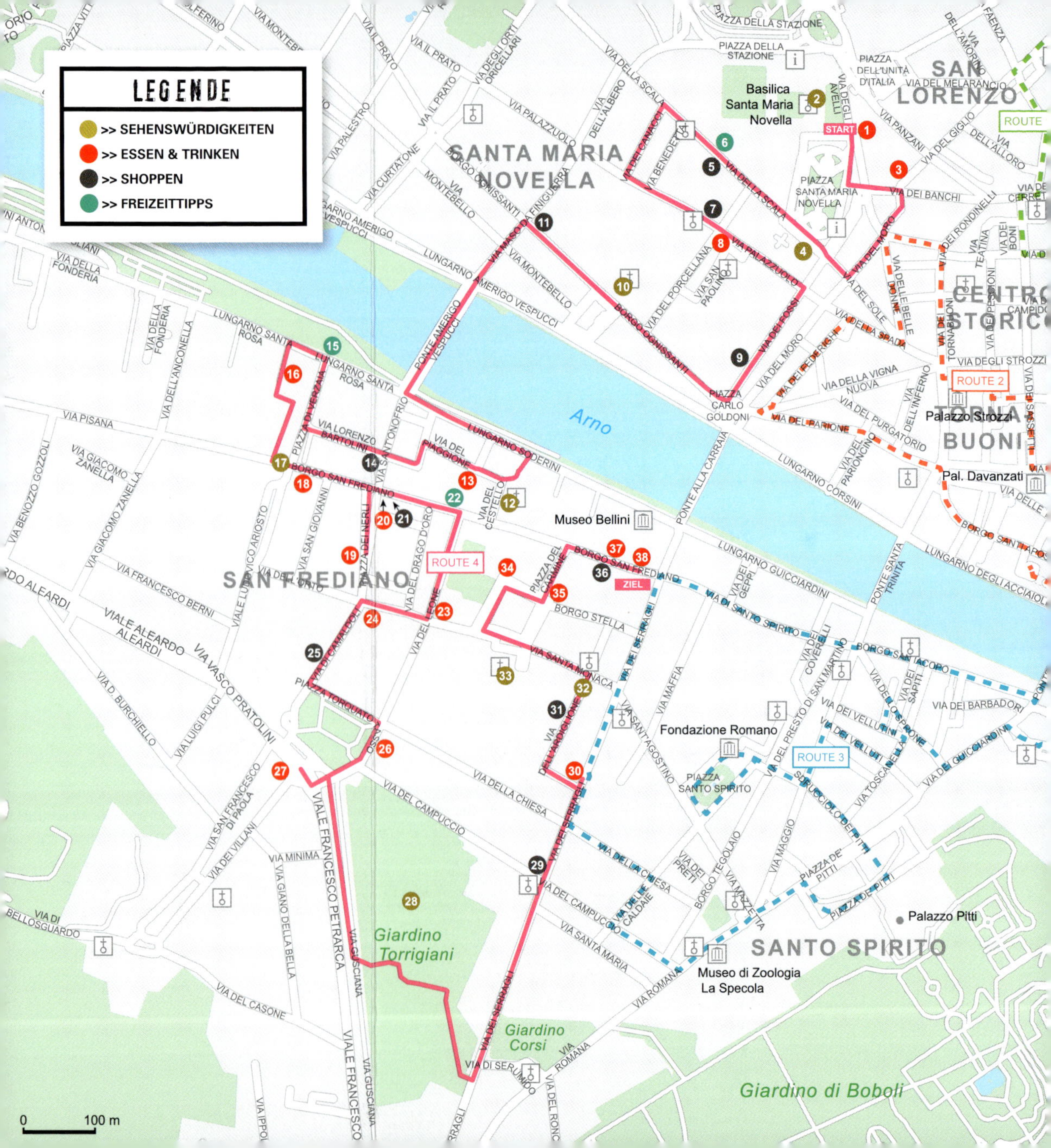

LEGENDE
>> SEHENSWÜRDIGKEITEN
>> ESSEN & TRINKEN
>> SHOPPEN
>> FREIZEITTIPPS
START
ZIEL
ROUTE 2
ROUTE 3
ROUTE 4
SANTA MARIA NOVELLA
SAN LORENZO
CENTRO STORICO
TORNABUONI
SAN FREDIANO
SANTO SPIRITO
Basilica Santa Maria Novella
Piazza della Stazione
Piazza Santa Maria Novella
Piazza Carlo Goldoni
Palazzo Strozzi
Pal. Davanzati
Museo Bellini
Fondazione Romano
Piazza Santo Spirito
Palazzo Pitti
Museo di Zoologia La Specola
Giardino Torrigiani
Giardino Corsi
Giardino di Boboli
Arno
Lungarno Amerigo Vespucci
Lungarno Soderini
Lungarno Corsini
Lungarno Guicciardini
Ponte Amerigo Vespucci
Ponte alla Carraia
Ponte Santa Trinita
Via della Scala
Via Palazzuolo
Borgo Ognissanti
Via del Moro
Via dei Banchi
Via del Parione
Via della Vigna Nuova
Via degli Strozzi
Via dei Fossi
Via Lorenzo Bartolini
Borgo San Frediano
Via Santa Monaca
Borgo Stella
Via di Santo Spirito
Borgo San Jacopo
Via dei Serragli
Via della Chiesa
Via del Campuccio
Via Romana
Viale Francesco Petrarca
Viale Aleardo Aleardi
Via Vasco Pratolini
Via Pisana
Piazza Torquato Tasso
Via Maggio
Sdrucciolo de' Pitti
Piazza de' Pitti
0 100 m

BESCHREIBUNG ROUTE 4 (ca. 5,4 km)

Starte auf der Piazza Santa Maria Novella mit einem Saft und der Besichtigung der Basilika 1 2. In der Seitenstraße Via dei Banchi kannst du am Abend einen gut gefüllten Teller Miso-Suppe essen 3. Wende dich nach rechts in die Via del Moro und wieder rechts auf die Via del Sole zu einem Museum für moderne Kunst 4. Gehe weiter geradeaus und auf die Via della Scala. Hier gibt es Schokolade und eine alte Apotheke 5 6. Biege an der Via del Canacci links ab und dann wieder links auf die Via Palazzuolo für Pasta und Kaffee 7 8. Am Ende gehst du rechts auf die Via dei Fossi, wo du Bücher findest 9. Wende dich nach rechts, besichtige die letzte Ruhestätte von Botticelli 10 und gönn dir leckeres Gebäck 11. Biege links auf die Via di Melegnano ab. Überquere die Brücke und wende dich dann nach links zu einer weiteren schönen Kirche 12. Für ein kulinarisches Festmahl an diesem Platz solltest du einen Tisch reservieren 13. Gehe über die Via del Piaggione, links auf die Piazza del Tiratoio und dann geradeaus zur Via Lorenzo Bartoli, um eine Holzwerkstatt zu besuchen 14. An der Stadtmauer rechts abbiegen. Ruhe dich bei einem Getränk am Wasser oder im Stadtgarten aus 15 16. Wenn du die Santa Rosa über den Stadtpark an der Rückseite verlässt, landest du beim Stadttor 17. Gehe hindurch und weiter über den Borgo San Frediano. Gehe schick essen, entscheide dich für Streetfood oder iss einfach eine Pizza 18 19 20. Geradeaus kommst du zu einem Concept Store und kannst dir in einer Werkstatt besondere Skulpturen ansehen 21 22. Für typisch toskanische Küche biegst du jetzt rechts in die Via del Leone ab 23. Noch mal rechts auf der Via dell'Orto bekommst du Kaffee und Kuchen 24. Für handgefertigte Kleidung biegst du jetzt links in die Via di Camadoli ein 25. An der Piazza Torquato Tasso kannst du jetzt ein Brötchen mit Eis probieren 26, und auf der anderen Seite der Straße kann man gut essen und unbegrenzt Wein trinken 27. Besuche anschließend den ummauerten Garten eines Marquis 28. Verlasse den Park und wende dich auf der Via dei Serragli nach links. Hier kannst du bei einem Designer shoppen und Pasta essen 29 30. Gehe nach dem Essen ein Stück zurück und dann rechts in die Via dell'Ardiglione. Hier findest du ein Lederatelier mit schönen Taschen und Street-Art 31 32. Fresken findest du links in der Via Santa Monaca, auf der Piazza del Carmine gibt es Trüffelgerichte und vegetarisches Essen 33 34 35. Jetzt landest du wieder auf dem Borgo San Frediano und gehst zu einem alten Plattenladen nach rechts 36. Ein Stück weiter kannst du in einem Café voller Bücher Wein trinken oder Sushi essen 37 38.

SEHENSWÜRDIGKEITEN

② Die **Basilica di Santa Maria Novella** mit ihrer schönen Fassade aus weißem und grünem Marmor ist eines der schönsten und wichtigsten Beispiele für florentinische Renaissance. Wenn du sie betrittst, fällt der Blick sofort auf das berühmte Fresko von Masaccio: *La Trinità*. Dieses Fresko aus dem Jahr 1428 ist eines der ersten, das in Perspektive gemalt wurde, ein wichtiges Prinzip der Renaissancekunst.
Piazza di Santa Maria Novella 18r, www.smn.it, Tel. 055219257, Öffnungszeiten auf der Website, Eintritt 10 €, Sonderausstellungen 12 €, Bus 36, 37 Santa Maria Novella

④ Verlasse die Renaissance und entdecke im **Museo Novecento** die Welt der modernen Kunst. Hier machst du anhand von Gemälden, Skulpturen, Installationen, Videos und Dokumenten eine Reise durch die Kunst des 20. Jahrhunderts. Die Exponate sind in fünfzehn Sälen in chronologischer Reihenfolge ausgestellt.
Piazza di Santa Maria Novella 14, www.museonovecento.it, Tel. 055286132, Apr.–Sept. Mo–Mi & Sa–So 11.00–20.00, So 11.00–14.00, Fr 11.00–23.00, Okt.–März Mo–Mi & Fr–So 11.00–19.00, Do 11.00–14.00 Uhr, Eintritt 9,50 €, Bus 6 Piazza degli Ottaviani

⑩ **La Chiesa di Ognissanti**, die Allerheiligen-Kirche, wurde zwischen 1251 und 1260 von den Uliminati gebaut. Mit einer neueren Fassade wurde sie später zu einem der ersten Barockgebäude in Florenz. Im Speisesaal des angrenzenden Klosters malte Domenico Ghirlandaio 1480 ein Fresko des letzten Abendmahls. Der Künstler Botticelli und der florentinische Entdecker Amerigo Vespucci sind in dieser Kirche begraben. Auf dem von Ghirlandaio für die Familie Vespucci gemalten Fresko *Madonna della Misericordia* kannst du den jungen Entdecker rechts unter dem Arm der Madonna sehen. Es gibt auch ein Fresko von Botticelli.
Borgo Ognissanti 42, www.chiesaognissanti.it, Tel. 0502398700, Mo–Di & Do–So 9.30–12.30 & 16.00–19.30, Fresko Letztes Abendmahl Mo, Di & Sa 9.00–12.00 Uhr, Eintritt frei, Bus C3, 12, 36 Ponte Vespucci

⑫ Vom Ponte Vecchio aus hat man einen guten Blick auf die Barockkuppel der **Chiesa di San Frediano in Cestello**. Die Fassade der Kirche wurde nie fertiggestellt und wirkt nüchtern und streng. In der Kuppel in der Mitte der Kirche sind Fresken von Gabbiani und ein Gemälde des Künstlers Jacopo del Sellaio

33

12

aus dem 15. Jahrhundert zu sehen, von dem auch ein Gemälde im Museum Boijmans Van Beuningen in Rotterdam hängt.
Piazza di Cestello 4, www.sanfredianoincestello.blogspot.it, Tel. 055215816, Mo 17.00–18.00, Di–Sa 8.30–10.30 & 17.00–18.00, So Messe 9.00, 11.00 & 21.00 Uhr, Eintritt frei, Bus C4, 6, 13, 36 Cestello

(17) Die hölzernen Torflügel der **Porta di San Frediano** in der alten Stadtmauer sind der ursprüngliche Ausgang vom Zentrum von Florenz nach Pisa. Daher heißt die Straße auf der anderen Torseite auch Via Pisana. Die Torflügel sind über 13 Meter hoch und wurden von Bildhauer Andrea Pisano entworfen. Das Tor stammt aus dem 13. Jahrhundert, ist aus Holz mit Kupferbeschlägen und hat noch die originalen Riegel. Neben den Torflügeln befinden sich Kupferringe zum Anbinden der Pferde.
Porta di San Frediano, Bus 6, 12 Porta San Frediano

(28) Hättest du gerne eine Führung durch den riesigen Garten einer wohlhabenden florentinischen Familie? Dann solltest du den charmanten Marquis von Torrigiani anrufen und eine Führung vereinbaren. **Giardino Torrigiani** ist einer der größten

Privatgärten Europas. Susanna Torrigiani leitet das Gewächshaus und gibt Kurse. Im Sommer verwandelt sich ein Teil des Gartens in eine Pop-up-Bar (Eingang Via Gusciana). Achtung! Der Garten ist vollständig ummauert und hat drei Eingänge. Achte also darauf, bei welchem Eingang ihr für die Führung verabredet seid.
Eingänge: Via Gusciana 21 (Straße mit Parkplatz), Via dei Serragli 144 (Haupteingang) & Via del Campuccio 53, www.giardinotorrigiani.it, Tel. 055224527, Eintritt mit Führung 20 € (vorher reservieren), Bus C4, 13, 36 Piazza Tasso, Bus 11 Serragli Campuccio

(32) In dieser Straße findest du Kunstwerke des anonymen Florentiner Straßenkünstlers **BLUB**, der unter dem Motto *L'arte sa nuotare* („Kunst kann schwimmen") arbeitet. Er oder sie malt italienische Ikonen mit Taucherbrille. Der Gedanke hinter dieser Kunst ist, dass man in Zeiten der Krise erfinderisch sein muss. Wenn dir das Wasser also bis zum Hals steht, wird es Zeit, den Schnorchel auszupacken! Diese Street-Art findest du in der gesamten Stadt.
Via del Campuccio, Bus 11 Serragli Santa Monaca

(33) Die **Cappella Brancacci** gehört zur Basilica di Santa Maria del Carmine und ist für ihre schönen Fresken berühmt. Die meisten stammen von Tommaso Cassai, auch bekannt als Masaccio (1401–1428), und werden als Meisterwerke gesehen. Mit seinem Malstil, der sich durch Figuren voller Emotionen und Dramatik, das Licht und vor allem die Perspektive auszeichnet, legte Masaccio hier die Grundlagen der frühen Renaissancemalerei.
Piazza del Carmine 14, museicivicifiorentini.comune.fi.it/en/brancacci, Tel. 0552768224, Mo & Mi–Sa 10.00–17.00, So 13.00–17.00 Uhr, Eintritt 10 € (Reservierung erforderlich), Bus C4 Carmine

ESSEN & TRINKEN

(1) Das **Shake Café** bietet eine große Auswahl an Bio-Säften, Wraps und Salaten. Wie wäre es mit dem *Green Detox* mit Sellerie, Fenchel und Petersilie? Oder lieber der *Iron Man* mit Kiwi und Erdbeere? Auf der Terrasse kannst du deinen Cappuccino mit Blick auf die Basilica di Santa Maria Novella trinken.
Via degli Avelli 2r, www.shakecafe.bio, Tel. 055295310, tgl. 7.00–20.30 Uhr, Preis großes Glas Saft 8 €, Wrap 6 €, Bus C3, C4, 14 Stazione Via Panzani

③ Von einem anstrengenden Tag erholt man sich in Japan bei einer Suppe in einer Noodlebar. In Florenz besuchst du dafür **Banki Ramen**. Drinnen ist es ein bisschen ungemütlich, aber die leckere Nudelsuppe macht das wieder wett.
Via dei Banchi 14r, www.bankiramen.it, Tel. 055213776, Mo–Fr 19.00–22.00, Sa 12.30–14.30 & 19.00–22.00 Uhr (Mitte Juli bis Ende Aug. geschlossen), Preis 10 €, Bus C1, C2, 14 Stazione Via Panzani

⑧ In der Kunstbar **La Boîte** kannst du dir bei einem Cappuccino Ausstellungen florentinischer Künstler ansehen. Trinke ein Glas Wein und bestelle dir dazu eine schlichte Mahlzeit oder eine Käseplatte. *La boîte* ist französisch und heißt „die Kiste"; das Mobiliar dieser besteht daher auch vollständig aus Kieferholzkisten.
Piazza di San Paolino 3r, fb laboitefirenze, Tel. 055213928, Mo–Do & So 8.00–0.00, Fr–Sa 8.00–2.00 Uhr, Preis Glas Wein 5 €, Bus C2 Palazzuolo

⑬ Für einen besonderen Abend solltest du ins Restaurant **Essenziale** gehen. Hier wird auf hohem Niveau gekocht, und du kannst die innovativen Gerichte des superkreativen Küchenchefs Simone probieren. Bestelle ein Überraschungsmenü oder einfach à la carte. Die Einrichtung ist schlicht und modern.
Piazza di Cestello 3r, www.essenziale.me, Tel. 0552476956, Di–Sa 19.00–22.00 Uhr, Preis Sechs-Gänge-Menü 65 €, Bus C4, 6, 13, 36 Cestello

⑯ Mit der Terrasse in einem kleinen Stadtpark ist das **Santarosa Bistrot** sicherlich einer der angesagtesten Orte in Florenz. Iss eine Poké-Bowl im gläsernen Gewächshaus oder bestelle dir einen *Spritz* und lass dich in einen der gestreiften Liegestühle im Garten fallen.
Lungarno di Santa Rosa, Tel. 0552309057, Mo–Fr 8.00–0.00, Sa–So 10.00–0.00 Uhr, Preis Poké-Bowl oder Burger 8 €, Bus C3, 6, 11, 12 Soderini Torrino Santa Rosa

⑱ Entscheide dich im **IO Personale** für ein außergewöhnliches *Tasting* von Chefkoch Matteo. In diesem elegant gestalteten Restaurant wird alles auf sehr kreative Art und Weise präsentiert. Wie wäre es zum Beispiel mit Garnelen-Tagliatelle mit Sesam und rohem Tartar mit Amaranth-Popcorn und Pilzpulver?
Borgo San Frediano 167r, www.io-osteriapersonale.it, Tel. 0559331341, Mo–Sa 19.30–22.00 Uhr, Preis Vier-Gänge-Probiermenü (kann nur für den ganzen Tisch bestellt werden) 42 € p. P., Bus 6, 13 Porta San Frediano

8
la boîte
Firenze

20

35

⑲ Probiere im **I'Trippaio di San Frediano** das florentinische Streetfood schlechthin: *Lampredotto*. Dieses Gericht erfordert etwas Mut. Es handelt sich nämlich um in Brühe gekochten Rindermagen auf einem Brötchen mit einer Soße aus Öl und Kräutern. Oder du nimmst die typische *Trippa*, eine weitere Spezialität: Rindermagenstückchen in Tomatensoße. Dieses Lokal ist eines der besten der Stadt, und zur Mittagszeit bildet sich oft eine lange Schlange. Wenn du dazu nicht den erforderlichen Mut aufbringst, gibt es auch einfache Pastagerichte.

Piazza dei Nerli, Mo–Sa 10.30–18.30 Uhr, Preis Brötchen Lampredotto 3 €, Pasta 4 €, Bus C4, 6, 13, 36 Cestello

⑳ Beim farbenfrohen **Berberè** bekommst du sogenannte Slow Pizza. Das Mehl aus biologischem Getreide wird auf traditionelle Weise gemahlen, und der Pizzateig darf 24 Stunden lang gehen, bevor er in den Holzofen kommt. Dadurch werden die Pizzen besonders luftig und knusprig. Du hast die Wahl zwischen „roten" Pizzen mit Tomatensoße und „weißen" Pizzen, die nur einen Belag haben.

Piazza dei Nerli 1, www.berberepizza.it, Tel. 0552382946, Di–Do 19.00–0.00, Fr–So 12.30–14.30 & 19.00–0.00 Uhr, Preis 10 €, Bus C4, 6, 13 Cestello

(23) Im typisch florentinischen **I'Brindellone** gibt es Gerichte wie Pasta mit Trüffeln, Pasta mit Kaninchen und Suppen wie *Ribollita* oder *Minestrone*. Zur Mittagszeit kommen auch viele Arbeiter hierher, die ein deftiges Mittagessen vertragen können. Probiere auch *Antipasto Crostini con Fegato*, geröstetes Brot mit Leber, oder die *Bistecca alla Fiorentina* in diesem beliebten preiswerten Lokal. Dass man den örtlichen Fußballverein liebt, ist an den lila Fahnen an der Bar zu erkennen.
Piazza Piattellina 10r, fb ibrindellone, Tel. 055217879, Di–So 12.00–14.00 & 19.30–22.00 Uhr, Preis Pasta mit Trüffeln 10 €, Bistecca alla Fiorentina 38 €/Kilo, Bus C4 Carmine

(24) Für Kaffee mit leckerem Kuchen ist die **Buonamici Pasticceria Artiginale** die richtige Adresse. In der Bäckerei dieser Bar wird alles täglich frisch gebacken. Das Motto lautet: Das Leben ist zu kurz für eine Diät, ihr solltet es genießen. Direkt nebenan liegt die dazugehörige *Bottega* (Geschäft), wo regionale Produkte verkauft werden.
Via dell'Orto 27r, fb pasticceriabuonamici, Tel. 055224004, Mo–Fr 7.00–19.00 & Sa–So 7.30–19.00 Uhr, Bus C4 Carmine

(26) Wenn du wissen möchtest, wie ein Brötchen mit Eis schmeckt, bestellst du dir bei **La Sorbetteria** eine *Brioche con Gelato*. Zunächst wird das Brötchen warm gemacht, dann kommt das Eis hinein. Im Sommer gibt es hier ausgefallene Sorbetsorten wie Kaktusfrucht (*Diospero*) oder Eis aus roten Trauben und Erdbeeren.
Piazza Torquato Tasso 11, www.lasorbettiera.it, Tel. 0555120336, Mo–Mi 12.30–21.00, Do–Sa 12.30–23.00, So 11.00–13.00 & 15.00–21.00 Uhr, Preis Brötchen mit 2 Sorten Eis und Schlagsahne 4,50 €, Bus 12, 36, 37 Pratolini

(27) An der Ecke einer belebten Kreuzung liegt **Alla Vecchia Bettola**, wo du in gemütlicher Atmosphäre Pasta- und Fleischgerichte bekommst. Nimm auf einem der Holzhocker an den Marmortischen Platz und genieße den Trubel und die Lebhaftigkeit dieses Ladens. Du teilst dir den Tisch mit anderen Gästen, häufig Locals, und für wenig Geld kannst du dir aus der Flasche auf dem Tisch so oft Wein nachschenken, wie du möchtest.
Viale Vasco Pratolini 3/5/7, Tel. 055224158, Mo–Mi & Sa 12.00–14.30 & 19.30–22.30, Do–Fr 12.00–14.30 & 19.00–22.30 Uhr, Preis 16 €, unbegrenzt Wein 4 €, Bus C4, 13, 36 Piazza Tasso

(30) Im Restaurant **L'Arte di Dory** hat man das Gefühl, bei jemandem zu Hause zu essen. Wenn du reinkommst, siehst du sofort die offene Küche, in der Dory ihre selbst hergestellte Pasta zubereitet. Diese Mamma kocht traditionelle italienische Gerichte für dich, wie sie die Italiener zu Hause auch zubereiten. Probiere eines der Pastagerichte, zum Beispiel Tagliatelle mit hausgemachter Tomatensoße.

Via dei Serragli 78r, fb artedidory, Tel. 0554933206, Preis Pasta 10 €, Bus 11 Serragli Santa Monaca

(34) Vergiss nicht, in der *Trattoria* **Napoleone** einen Platz auf der Terrasse zu reservieren, denn von hier aus hat man abends einen romantischen Blick auf die beleuchtete Basilica di Santa Maria del Carmine. Spezialitäten sind die Gerichte mit Trüffeln. Probiere beispielsweise das Steak vom Grill mit einer Creme aus Parmesan und frischem Trüffel. Eine andere Empfehlung sind die Spaghetti mit Garnelen *da Napoleone*. Drinnen kannst du in einem Raum mit gewölbten Decken intim bei Kerzenlicht speisen.

Piazza del Carmine 24, www.trattorianapoleone.it, Tel. 055281015, Mo–Do & So 18.00–23.30 & Fr–Sa 18.00–0.00 Uhr, Preis 20 €, Bus C4 Carmine

(35) Bei **L'OV** erwartet dich eine farbenfrohe Einrichtung mit roten Stühlen, knallbunten Kissen und vielen Pflanzen. *I love it!* Hier bekommst du vegetarische, vegane und glutenfreie Gerichte, die alle italienische Zutaten haben, aber etwas anders zubereitet werden. Zum Beispiel ein Tofu-Eintopf mit Wacholderbeeren und eine Kürbislasagne. Oder du nimmst den *Signature Dish* Pad Thai. Es gibt auch viele vegane Optionen auf der Speisekarte.

Piazza del Carmine 4r, www.osteriavegetariana.it, Tel. 0552052388, Mo–Fr 19.00–23.00, Sa 12.00–15.00 & 19.00–23.00, So 12.00–15.00 Uhr, Preis 12 €, Bus 6, 13, 36, C4 San Frediano

(37) Du suchst ein gemütliches Café, in dem du dich ausruhen kannst? Dann komm ins **La Cité Libreria Caffè**. Tagsüber kannst du dich mit einem Kaffee in die gemütliche Bücherecke setzen, abends finden oft Veranstaltungen wie eine swingende Jamsession oder eine Theateraufführung statt.

Borgo San Frediano 20r, fb lacitelibreriacafe, Tel. 055210387, Mo–Sa 9.00–2.00, So 15.00–2.00 Uhr, Preis Kaffee und Kuchen 3 €, Bus C4, 6, 13, 36 San Frediano Serragli

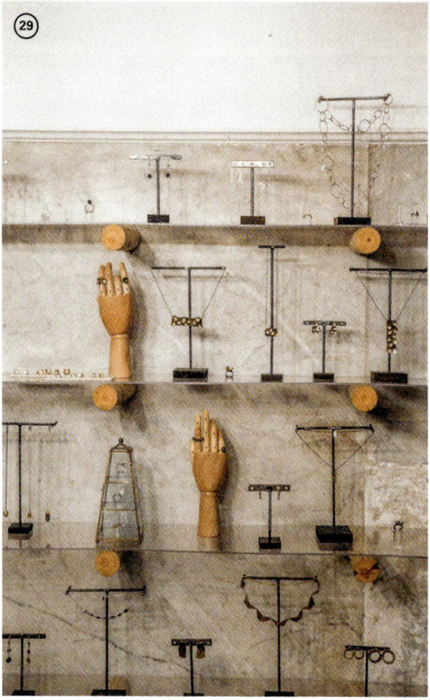
29

25

25
Made in Florence

(38) **Momoyama** ist bei der wohlhabenden Florentiner Jugend sehr beliebt. In diesem modernen japanischen Restaurant kannst du gegenüber der Küche sitzen, wo das frische Sushi zubereitet wird. Auch im Innenhof ist es sehr schön.
Borgo San Frediano 10r, www.ristorantemomoyama.it, Tel. 055291840, Mo & So 19.30–23.30, Di–Sa 12.30–14.30 & 19.30–23.30 Uhr, Preis Probiermenü Momoyama für 2 Personen 80 € p. P. inkl. 4 Gläser Wein, Wasser und Kaffee, Bus C4, 6, 13, 36 San Frediano Serragli

SHOPPEN

(5) Im Schokoladengeschäft **Dolceforte** bekommst du köstliche Schokolade von kleinen Manufakturen aus der Toskana und dem Piemont. Im Sommer gehören auch Pasta, Balsamico, Kräuter und Olivenöl zum Sortiment.
Via della Scala 21r, www.dolceforte.it, Tel. 055219116, Di 15.30–19.45, Mi–Sa 10.00–13.00 & 15.30–19.45 Uhr, Bus C2 Palazzuolo

(7) Frische Pasta kauft man bei Familie Morioni. In dem winzig kleinen Laden wird alles in der Küche von Hand gemacht und dann an der Theke verkauft. **Morioni** ist hier ein Begriff und wurde schon 1955 gegründet. Wir empfehlen die mit Birne und Ricotta gefüllten Tortellini.
Via Palazzuolo 56r, Tel. 0552396173, Mo–Di & Do–Sa 9.00–13.30 & 15.30–19.00, Mi 9.00–13.30 Uhr, Bus C2 Palazzuolo

(9) Wenn du Bücher und guten Kaffee magst, solltest du bei **Todo Modo** vorbeischauen. In dieser Buchhandlung findest du Kunstbücher und auch englischsprachige Literatur. Im hinteren Bereich gibt es eine Bar, wo du ein einfaches Mittagessen bekommst oder bei einer Tasse Kaffee oder einem Glas Wein einen Blick in die neusten Titel werfen kannst. Es werden auch schöne Schreibwaren verkauft, und es gibt eigene Merch-Produkte.
Via dei Fossi 15r, todomodo.org, Tel. 0552399110, Mo–Sa 10.00–19.30 Uhr, Bus 6, 11 Vigna Nuova

(11) In der altmodischen Bäckerei **Forno Becagli** bekommst du die leckersten Teilchen, *Schiacchiata* und Kekse. In der Auslage wartet schon haufenweise

Torrone (Nugat) auf dich. Hol dir ein Brötchen oder ein Stück Pizza und iss es am Ufer. Im Herbst solltest du *Schiacciata con l'Uve* (ein süßes Focaccia-Brot mit Trauben) oder *Castagnaccio* (ein dunkles Gebäck aus Kastanienmehl mit Pinienkernen und Rosmarin) probieren.

Borgo Ognissanti 92r, fb fornobecagli, Tel. 055215065, Mo–Sa 7.30–20.00 Uhr, Preis Schiacciata 1,50 €, Bus C2, C4, 13, 36 Melegnano

(14) Die Irin **Jane Harman** liebt das Arbeiten mit Holz. Sie restauriert antike Möbel mit alten Techniken und stellt allerlei kleine (Kunst-)Objekte aus Holz her. Als Auftragsarbeit fertigt sie dir auch Holzbuchstaben an. Ein schönes Andenken an Florenz sind ihre Miniatur-Duomos.

Via Lorenzo Bartolini 1r, www.harmanjane.it, Tel. 3290704920, Mo–Fr 9.00–18.00 Uhr, Bus 13, 36, 37, C4 Sant'Onofrio

(21) Die kreativen Freundinnen Giulia, Ayako, Jacqueline und Jane haben kürzlich **FAF** eröffnet. FAF steht für „Female Artisans in Florence". Concept Store, Ausstellungsraum und Werkstatt in einem – für und von Frauen. Hier kannst du Espressotassen aus Porzellan, eine tolle Tasche, Holzbuchstaben oder bedruckte Kleidung kaufen. Es werden auch regelmäßig Kurse wie Siebdruck oder Töpfern angeboten, du solltest ihre Facebook-Seite also im Auge behalten.

Borgo San Frediano 131r, fb fafcraftwomen, Tel. 3381531560, Di–Sa 10.00–13.00 & 15.00–19.30 Uhr, Bus 6, 13, C4 Cestello

(25) Giulia und Antonio sind die zwei jungen Designer vom Siebdruckatelier **Ink-p Design Studio**. Die Designs auf ihren Produkten sind immer bunt und fantasievoll. Guilia ist Modedesignerin, und Antonio druckt ihre Entwürfe auf Stoffe, die sie dann zu einem T-Shirt oder Kleid verarbeitet. Es gibt hier auch originelle und bunt bedruckte Schuhe. Hier kannst du nicht nur schöne Sachen kaufen, sondern auch selbst kreativ werden: Es werden Siebdruckkurse angeboten.

Via di Camaldoli 18r, www.ink-p.com, Tel. 3381531560, Mo–Sa 16.00–20.00 Uhr, Bus C4 Carmine

(29) An der Straßenecke solltest du bei **Nokike** reinschauen. Inhaberin und Designerin Herika Signorino verkauft hier ihren Öko-Schmuck aus recycelten

Materialien. Außerdem gibt es in ihrem Geschäft lustige Federzeichnungen der Künstlerin Mafreshou sowie farbenfrohe Kleidung und Taschen.
Via dè Serragli 122r, www.nokike.com, Tel. 03395006334, Mo 15.00–19.30, Di–Sa 10.00–13.00 & 15.00–19.30 Uhr, Bus 11 Campuccio

(31) In einer schönen Gasse in San Frediano liegt die Lederwerkstatt von **Dimitri Villoresi**. Hier kannst du zuschauen, wie er aus einem Stück Leder die Einzelteile für eine Tasche zurechtschneidet. Lass dir von Dimitri seine Entwürfe erklären. Seine Taschen, Etuis und Wohnaccessoires stehen alle zum Verkauf.
Via Ardiglione 22, www.dimitrivilloresi.com, Tel. 3664534867, Mo–Sa 11.00–13.00 & 16.00–19.00 Uhr, Bus C3, C4 Sant'Agostino

(36) Der Name ist selbsterklärend: Im **Twisted Jazz Shop** dreht sich alles um den Jazz. In diesem versierten Musikgeschäft findest du CDs, DVDs, LPs, Poster und Karten der berühmtesten Künstler. Such dir ein Schätzchen aus.
Borgo San Frediano 21r, insta twistedjazz, Tel. 055282011, Di–Sa 9.30–13.00 & 15.30–19.30 Uhr, Bus C4, 6, 13, 36 San Frediano Serragli

22

FREIZEITTIPPS

⑥ Die **Officina Profumo e Farmaceutica di Santa Maria Novella** ist die älteste Apotheke Europas. Sie wurde 1221 von Mönchen gegründet. Schlendere durch die herrlich duftenden Räume und bewundere die Schränke voller Flaschen und alter Apothekertöpfe aus Porzellan, gefüllt mit Parfüm und Potpourri. In dem kleinen Museum wird altes Werkzeug ausgestellt und erklärt, wie die Medikamente und Parfüms hergestellt wurden. Du kannst hier Seife und Cremes kaufen, und es gibt einen Teesalon.

Via della Scala 16, www.smnovella.it, Tel. 055216276, tgl. 9.00–20.00 Uhr, Teesalon 9.00–19.00 Uhr, Eintritt frei, Bus 23, Scala

⑮ **Circolo Rondinella** ist eigentlich ein Privatclub *(Circolo)*. An einem tollen Standort hat dieses Kulturzentrum eine schlichte Bar mit Garten und Terrasse am Ufer des Arno. Wenn du das wahre Florentiner Leben erleben möchtest, fragst du hier freundlich nach, ob du im Garten etwas trinken darfst. Es gibt keine Bedienung, und du musst die Gläser selbst zurückbringen. Unter der Woche wird manchmal ein Mittagessen gekocht, das auch für Außenstehende zugänglich ist; der Speiseplan hängt im Flur aus.

Lungarno Soderini 2, Tel. 055215921, tgl. 10.00–23.00 Uhr, Preis Espresso 1 €, Bus C3, 6, 11, 12 Soderini Torrino Santa Rosa

㉒ In der gigantischen Werkstatt und Galerie von **Romanelli Sculture** kannst du den Raum und die imposanten Skulpturen bewundern. Die heutige Romanelli-Familie ist bereits die fünfte Generation von Bildhauern und führt eines der ältesten Bildhauerateliers in Europa. Romanelli hat schon Skulpturen für die britische Königsfamilie angefertigt. Selbst Hand anlegen? Es gibt kurze Kurse, in denen du lernst, einen Kopf aus Ton zu formen.

Borgo San Frediano 70, www.raffaelloromanelli.com, Tel. 0552396047, Mo–Fr 10.00–13.00 & 14.00–18.00 Uhr, Eintritt frei, Workshop 60 € (3 Stunden, Reservierung erforderlich), Bus C4, 6, 13, 36 Cestello

WAS ES SONST NOCH GIBT

Die Routen aus diesem Guide führen dich zu den wichtigsten Highlights der Stadt. Aber es gibt auch abseits der Routen noch einige Orte und Sehenswürdigkeiten, die einen Besuch wert sind. Diese sind hier kurz aufgeführt. Achtung: Manche sind vom Zentrum aus schlecht zu Fuß zu erreichen, aber mit dem öffentlichen Nahverkehr gelangst du gut dorthin.

Ⓐ In der **Via Vincenzo Gioberti**, meist einfach Via Gioberti genannt, kannst du inmitten von Locals schön shoppen. Diese nette Einkaufsstraße liegt etwas außerhalb des historischen Zentrums von Florenz und ist daher alles andere als touristisch. Sie ist vor allem für ihre vielen Schuhgeschäfte bekannt, aber du findest hier auch angesagte Bekleidungsgeschäfte, nette Bars und zwei große Kaufhäuser. Ein Pflichtziel für gestandene Shopper und perfekt als Erweiterung von Route 2.
Via Vincenzo Gioberti, Bus C2, C3 Piazza Beccaria

Ⓑ Du liebst teure Markenkleidung, aber dein Portemonnaie gibt das leider nicht her? Dann steige am Bahnhof von Florenz in den schwarzen Pendelbus von **The Mall** und verbringe einen Tag in *dem* Designer-Outlet der Toskana. Hier findest du alle italienischen Modemarken wie Armani, Prada, Versace, Gucci und Cavalli.
Via Europa 8, Leccio Reggello, www.themall.it, Tel. 0558657775, tgl. Juni–Aug. 10.00–20.00, Sept.–Mai 10.00–19.00 Uhr, Preis Bus hin und zurück 13 €, Zusteigen an der Via Santa Caterina da Siena 17 am Busbahnhof Sita (direkt neben dem Bahnhof SMN), Bus 6, 11, 16, 17, 22, 23, C2, C4 Stazione Scalette, Straßenbahn T1, T2 Stazione Santa Maria Novella

Ⓒ Das Kloster **Certosa del Galluzzo** wurde im 14. Jahrhundert vom Florentiner Bankier Niccolò Acciaiuoli gegründet und später von Zisterziensermönchen bewohnt. Über eine schöne Treppe erreichst du das Kloster und den Palazzo Acciaiuoli. Lass dich über den schönen Platz und durch den mit Werken von Della Robbia geschmückten Kreuzgang führen. Du kannst auch die Schlafstätten der Mönche besichtigen und sehen, wie sie leben. Die Führung ist kostenlos, aber ein Trinkgeld für den Mönch, der dich herumführt, wird gern gesehen.
Via della Certosa 1, www.cistercensi.info, Tel. 552049226, Di–So 9.00–12.00 & 15.00–17.00, im Sommer bis 18.00 Uhr, Eintritt frei, Bus 37 Certosa di Firenze

Amazing views!

Ⓓ 1477 gelangte die **Villa di Castello** in den Besitz der Familie de' Medici. Heute beherbergt sie die Accademia della Crusca. Seit vier Jahrhunderten wird hier die italienische Sprache studiert und bewahrt. Die Villa ist nicht öffentlich zugänglich, aber du kannst den schönen Skulpturengarten mit Zitronenbäumen und seltenen Pflanzen besichtigen. Dieser wurde 1538 von dem Architekten Niccolò Tribolo angelegt. Den schönen Brunnen in der Mitte ziert eine Gruppe von Bronzestatuen von Bartolomeo Ammanati. Ein Stück weiter kannst du die schöne *Grotta degli Animali* von Tribolo bewundern. Informiere dich vorher, ob der Garten geöffnet ist.
Via di Castello 47, www.polomuseale.firenze.it, Tel. 055452691, Öffnungszeiten auf der Website, Eintritt frei, Bus 2, 28 Viale Sestese 2

Ⓔ In die **Villa La Petraia** zogen sich die Medici zurück, wenn sie ihrem hektischen Leben in der Stadt entkommen wollten. Später wurde die Villa vom ersten italienischen König als Sommerresidenz genutzt. Über dem Innenhof der Villa, der als Ballsaal diente, wölbt sich ein wunderschönes Glasdach. In der Mitte des Raumes hängt noch immer ein großer Kronleuchter, und jede Wand ist reich mit Fresken von Volterrano und Cosimo Daddi verziert. In der ersten Etage kannst du die berühmte Bronzestatue *Venere Fiorenza* von Giambologna bewundern. Von der Villa di Castello aus kannst du die Villa La Petraia gut zu Fuß erreichen.

Via della Petraia 40, www.polomuseale.firenze.it, Tel. 055452691, Öffnungszeiten auf der Website, Eintritt frei, Bus 2, 28 Viale Sestese 2

Ⓕ Der öffentliche **Parco delle Cascine** ist die grüne Lunge der Stadt und nicht weit vom historischen Zentrum entfernt. Der Park erstreckt sich über 130 Hektar und verläuft direkt am Arno: ein schöner Ort zum Spazierengehen oder Radfahren und perfekt für ein Sonntagspicknick. Außerdem kannst du dir im Park Inliner ausleihen, ins Schwimmbad gehen oder Pferderennen besuchen. Dienstags ist Markttag, angeboten werden Gemüse, Blumen und Kleidung. Mehrmals im Jahr finden kulturelle Veranstaltungen wie das Streed Food Festival statt, im Centro Visite del Parco bekommst du Informationen. Auch ein Besuch des modernen Theaters neben dem Park, **Teatro dell'Opera**, lohnt sich.

Parco delle Cascine, parcodellecascine.comune.fi.it, Straßenbahn T1, T2 Cascine, Bus 55 Cascine - Carlo Monni

Ⓖ **Parco di Pratolino** ist auch als Parco Demidoff bekannt, benannt nach der russischen Familie, die den Park 1872 kaufte. Der riesige Park mit Rasenflächen, Seen und Villen wurde vom Architekten Buontalenti für Francesco de' Medici entworfen. Bei den Florentinern ist es ein beliebter Ort, um das Wochenende zu verbringen. Höhepunkt des Parks ist die meterhohe Statue eines Riesen, des *Gigante dell'Appennino*, die 1580 von Giambologna geschaffen wurde. Nach der Besichtigung kannst du im Restaurant **Zocchi** mit Blick auf den Park essen.

Via Florentina 276, Pratolino, www.cittametropolitana.fi.it/parco-mediceo-di-pratolino, Tel. 0554080741, Fr–So Apr.–Okt. 10.00–20.00 Uhr, Eintritt frei, von Florenz aus (Piazza di San Marco) Bus 25a Via Bolognese 460

Ⓗ Du möchtest die Stadt aus einer anderen Perspektive erleben? Dann mache eine **Bootsfahrt auf dem Arno**. In einem hölzernen *Barchetto*, einer Art Gondel, fährst du unter dem Ponte Vecchio hindurch. Ein romantisches Erlebnis, besonders bei Sonnenuntergang, wenn die Stadt in einem goldenen Licht erstrahlt.

Am Ufer des Flusses, zwischen Ponte alla Grazie und Ponte Vecchio, auf der Höhe von Piazza Mentana, Lunarno Diaz, www.renaioli.it, Tel. 3477982356, Apr.–Okt. tgl., Reservierung erforderlich, Preis 75 € p. P. bei vier Teilnehmern, Bus C1 Diaz

Ⓘ Miete dir bei **Toscana SUP** ein Stand-up-Paddle Board (SUP) und paddle damit auf dem Arno ein ganzes Stück durch Florenz. Zusammen mit einem Guide paddelst du an stattlichen Palazzos und den Gallerie degli Uffizi vorbei und sogar unter der weltberühmten Brücke Ponte Vecchio hindurch.

Lungarno Guglielmo Pecori Giraldi, www.toscanasup.org, Tel. 3334468648, Preis Ponte Vecchio Tour 59 € für 2 Stunden bei 4 Personen, Bus 8, 13 Pecori Giraldi

Ⓙ Du wolltest schon immer mal in einem Fiat 500 fahren? Dann buche eine Tour beim **500 Touring Club**. Dann kommst du in den Genuss einer zweistündigen Fahrt durch die Hügel rund um Florenz, einschließlich Erläuterungen eines Fahrers, der alles über die Gegend und ihre Geschichte weiß.

Via Gherardo Silvani 149a, www.500touringclub.com, Tel. 3468262324, Preis Classic Tour ab 80 € p. P., Bus 36, 41 Silvani 04

Ⓚ Begleite Camilla und ihre Alpakas in den Wald und mache einen zweistündigen Spaziergang durch die Wälder bei Scandicci, einem Vorort von Florenz. Während des Spaziergangs mit **Mio Alpaca** erfährst du alles über diese besonderen Tiere und darfst auch selbst ein Alpaka führen. Nach dem Spaziergang müssen die Alpakas noch gefüttert werden. Denke an passende Schuhe, denn ein Teil der Tour ist ziemlich steil.

Via di Roveta 7, www.mioalpaca.com, Tel. 3382345621, tgl. (Reservierung erforderlich), Preis Spaziergang 25 € p. P., Straßenbahn T1.3 (Villa Costanza) vom Bahnhof Santa Maria Novella in Florenz aus, umsteigen an Haltestelle Resistenza, dann Bus 61 (Artigiani), aussteigen bei Podere Ronco Vecchio

Ⓛ Nicht weit weg von Florenz liegt das **Castello del Trebbio**. Es ist eines der wenigen noch bewohnten Castellos und hat eine reiche Vergangenheit. Das Restaurant besitzt eine große Terrasse, auf der du eine Weinprobe machen kannst. Im Restaurant kann man sehr gut essen. Im dazugehörigen Laden kannst du biologische Produkte wie Olivenöl, Honig und Safran – das teuerste Gewürz der Welt – kaufen.

Via Santa Brigida 9, Pontassieve, www.vinoturismo.it, Tel. 0558304900, Mo–Sa 9.00–12.30 & 14.00–18.00 Uhr, Bus Autolinee Mugello Valdisieve 330a, 331c Trebbio

Ⓜ Wenn es in der Stadt zu heiß wird, fährst du nach **Fiesole**. Dieser kleine Ort in den Hügeln wurde im 6. oder 7. Jahrhundert v. Chr. von den Etruskern gegründet. Von dem gemütlichen kleinen Platz aus kann man die archäologischen Ausgrabungen und das Museum besuchen. Highlight ist ein kleines romanisches Amphitheater aus dem Jahr 80 v. Chr. Neben der Basilica di San Alessandro führt eine steile Straße hinauf zum Kloster San Francesco, von wo aus man einen spektakulären Blick auf Florenz hat.

Fiesole, www.comune.fiesole.fi.it, Tel. 0555961323, Bus 7 Fiesole Piazza Mino

Ⓝ **Greve in Chianti** ist die Hauptstadt der berühmten Weinregion Chianti Classico. Das Zentrum dieser großen Burg ist die gemütliche Piazza Matteotti, mit Galerien auf beiden Seiten, in denen du nette Geschäfte und einige *Osterias* findest. Such dir einen Platz auf einer der Terrassen für ein Mittagessen oder ein Glas Wein. Im September findet hier das jährliche Weinfest statt, bei dem es unter anderem einen gemütlichen Markt gibt.

Greve in Chianti, Sita Bus 365 Greve in Chianti, Piazza Trento

0-24

REGISTER

SEHENSWÜRDIGKEITEN

Aria Art Gallery 46
Basilica di San Miniato al Monte 65
Basilica di Santa Croce 42
Basilica di Santa Maria Novella 82
Basilica di Santo Spirito 62
Battistero 22
Biblioteca delle Oblate 25
BLUB 85
Cappella Brancacci 85
Cappelle Medicee 22
Cappella Rucellai 46
Casa Buonarotti 42
Certosa del Galluzzo 98
Chiesa di Ognissanti 82
Chiesa di San Frediano in Cestello 82
Chiostro dello Scalzo 24
Duomo 22
Forte di Belvedere 64
Galleria dell'Accademia 25
Galleria Palatina 62
Gallerie degli Uffizi 42
Giardino Torrigiani 84
Gucci Garden 45
Loggia dei Lanzi 45
Loggia del Mercato Nuovo 45
Museo degli Innocenti 25
Museo dell'Opera del Duomo 25
Museo di Allessandro Dari 65
Museo Fondazione Roberto Capucci 77
Museo Marino Marini 46
Museo Nazionale del Bargello 26
Museo Nazionale di Antropologia ed Etnologia 42
Museo Novecento 82
Museo Pietro Annigoni 77
Museo Stefano Bardini 64
Palazzo Medici Riccardi 22
Palazzo Pitti 62
Palazzo Strozzi 45
Palazzo Vecchio 44
Piazza della Signoria 45
Piazzale Michelangelo 65
Ponte Vecchio 62
Porta di San Frediano 84
Salvatore Ferragamo Museum 46
Santa Maria del Fiore 22
Villa di Castello 100
Villa La Petraia 100

ESSEN & TRINKEN

All'Antico Vinaio 50
Alla Vecchia Bettola 89
Amble 53
Babae 66
Banki Ramen 86
Berberè 88
Brunellesco 30
Bulli & Ballene 70
Buonamici Pasticceria Arti. 89
Caffè il Verone 25
Cuculia 66
Dim Sum 49
Ditta Artigianale 70
Edoardo 30
Essenziale 86
Fishing Lab alle Murate 33
Floret 33
Flower Burger 29
Focacceria Pugi 29
Fuori Porta 71
Gelateria della Passera 70
I'Brindellone 89
I'Trippaio di San Frediano 88
I Latini 51
Il Coccolol 31
Il Pizzaiuolo 49
Il Santino 66
Il Santo Bevitore 66
Il Vinile 33
IO Personale 86
Konnubio 26
Konnubio Corte 26
L'Arte di Dory 90
La Beppa Fioraia 71
La Boîte 86
La Cité Libreria Caffè 90
La Cucina di Pesce Pane 49
La Milkeria 46
La Ménagère 26

La Sorbetteria 89
Le Vespe Café 49
Le Volpi e l'Uva 70
Lo Sprone Vinaino 69
L'OV 90
Mama's Bakery 69
Mangiafoco Osteria Tartuferia 51
Melaleuca Bakery + Bistrot 50
Momoyama 93
My Sugar 29
Napoleone 90
Nugolo 49
Obicà 50
Olio & Convivium 65
Perchè No 50
Procacci 1885 50
Quinoa 26
Rooster Café 30
Rosalia Salad Gourmet 30
S.Forno 69
Santarosa Bistrot 86
Shake Café 85
SimBIOsi 29
Strozzi Caffè 45
Tamerò 69
Touch Bistrò Toscano 31
Trattoria da Nerbone 37
Trattoria La Casalinga 69
UnCaffe – Da i' Sardo 29
Zio Gigi 30
Zocchi 101

SHOPPEN

Angela Caputi 73
Boutique Nadine 54
Calzature da Francesco da Firenze 73
Campucc10 73
Clet 74
Dimitri Villoresi 95
Dolceforte 93
FAF 94
Forno Becagli 93
Florence Factory 53
Flow Run 54
Gerard 53
Giulia Materia 74
Il Torchio 74
Ink-p Design Studio 94
Jane Harman 94
La Rinascente Firenze 17
LucillaVecc 74
Luisaviaroma 33
Melrose Vintage 34
MIO 54
Morioni 93
Mrs Macis 36
Nokike 94
Patrizia Pepe 33
Quelle Tre 73
Quoio 73
Société Anonyme 53
Street Doing 34
The Mall 98
Todo Modo 93
Tuorlo 34
Twisted Jazz Shop 95
UB 34
Vestri 36
Via Vincenzo Gioberti 98

FREIZEITTIPPS

500 Touring Club 102
Bootsfahrt auf dem Arno 101
Buchette del Vino 57
Casa Abitata 57
Castello del Trebbio 102
Cinema Odeon 57
Circolo Rondinella 97
Duomo besteigen 37
Easy Living 17
Fiesole 103
Fratelli Zanobini 37
Giardino Bardini 77
Giardino dell'Iris 65
Giardino delle Rose 77
Giardino di Boboli 75
Greve in Chianti 103
In Tavola 75
Le Murate 57
Mercato Centrale 37
Mercato delle Pulci 56
Mercato di Sant'Ambrogio 54
Mio Alpaca 102
Officina Profumo e Farmaceutica di Santa Maria Novella 97

Parco delle Cascine 101

Parco di Pratolino 101

Romanelli Sculture 97

Teatro del Sale 56

Teatro dell'Opera 101

Toscana SUP 102

Villa Bardini 77

VERKEHR

Auto 12

Bus 11

Elektrobus 11

E-Fahrrad 13

Fahrrad 12

Flugzeug 10

Marconi Express 11

Motorroller 13

Pendelbus 11

Pisamover 11

Straßenbahn 12

Taxi 12

Zug 11

IN GLEICHER REIHE

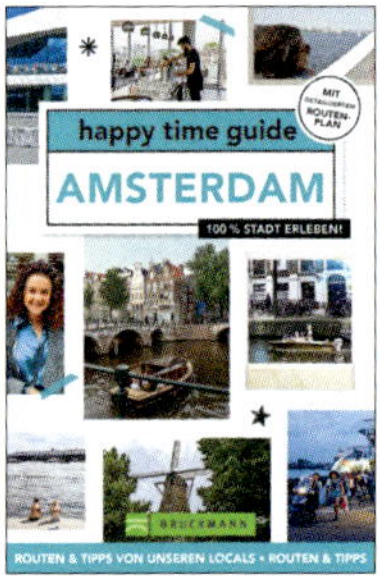

ISBN 978-3-7343-2021-7

ISBN 978-3-7343-2583-0

ISBN 978-3-7343-1878-8

ISBN 978-3-7343-2582-3

Happy time guide – mehr als ein Reiseführer!

Der happy time guide nimmt dich mit auf unterschiedliche Spaziergänge, auf denen du die Stadt in deinem eigenen Tempo entdeckst und den Lebensstil der Locals kennenlernst. Und das alles, ohne dich vorbereiten zu müssen! Alle Adressen sind persönliche Empfehlungen der Autoren, die in der Stadt leben. Mit inspirierenden Bildern und praktischen Ausklappkarten.

BRUCKMANN

www.bruckmann.de

ERSCHIENEN

ISBN 978-3-7343-2581-6

ISBN 978-3-7343-2576-2

ISBN 978-3-7343-2580-9

ISBN 978-3-7343-2579-3

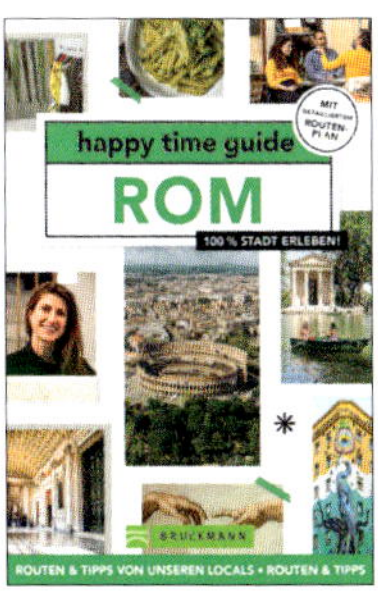

ISBN 978-3-7343-2578-6

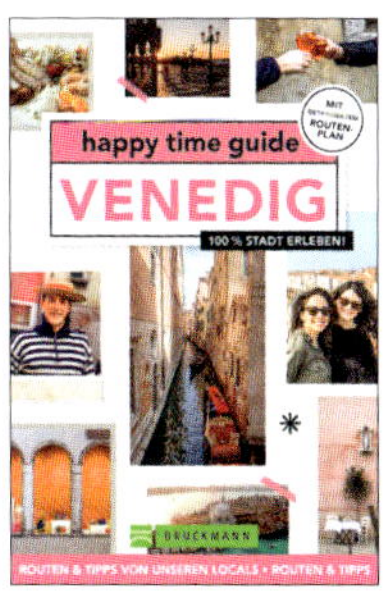

ISBN 978-3-7343-2577-9

IMPRESSUM

This edition is published by Bruckmann Verlag GmbH
in cooperation with »time to momo«.
Autorin: Kim Lansink
Fotos: Jelle Oostrom, Vincent van den Hoogen, Ilse Ouwens
Layout: Studio 100%, Oranje Vormgevers
Kartografie: Van Oort redactie en kartografie
Repro: MasterColors Media

DEUTSCHE AUSGABE

Infanteriestraße 11a, 80797 München

Verantwortlich: Claudia Hohdorf
Übersetzung: Philipp Diepmans
Redaktion: Dr. Rainer Schöttle
Korrektorat: Rosemarie Elsner
Satz: Silke Schüler
Repro: LUDWIG:media
Herstellung: Alexander Knoll
Printed in Slovenia by Florjancic

ISBN 978-3-7343-2581-6

★★★★★

Sind Sie mit diesem Titel zufrieden? Dann würden wir uns über Ihre Weiterempfehlung freuen. Erzählen Sie es im Freundeskreis, berichten Sie Ihrem Buchhändler, oder bewerten Sie bei Onlinekauf. Und wenn Sie Kritik, Korrekturen, Aktualisierungen haben, freuen wir uns über Ihre Nachricht an Bruckmann Verlag, Postfach 40 02 09, D-80702 München oder per E-Mail an lektorat@verlagshaus.de.

Unser komplettes Programm finden Sie unter www.bruckmann.de

Alle Angaben dieses Werkes wurden von der Autorin sorgfältig recherchiert und auf den neuesten Stand gebracht sowie vom Verlag geprüft. Für die Richtigkeit der Angaben kann jedoch keine Haftung übernommen werden, weshalb die Nutzung auf eigene Gefahr erfolgt. Insbesondere bei GPS-Daten können Abweichungen nicht ausgeschlossen werden. Sollte dieses Werk Links auf Webseiten Dritter enthalten, so machen wir uns die Inhalte nicht zu eigen und übernehmen für die Inhalte keine Haftung.

In diesem Buch wird aus Gründen der besseren Lesbarkeit das generische Maskulinum verwendet. Weibliche und anderweitige Geschlechteridentitäten werden dabei ausdrücklich mitgemeint, soweit es für die Aussage erforderlich ist.

Die Deutsche Nationalbibliothek verzeichnet diese Publikation in der Deutschen Nationalbibliografie; detaillierte bibliografische Daten sind im Internet über http://dnb.d-nb.de abrufbar.